나와 청소년문학 20년

나와 청소년문학 20년

청소년문학의 개척자 박상률의
문학과 인생 이야기

박상률 지음

학교
도서관
저널

서문

나무도 아닌 것이
풀도 아닌 것이

— 내가 청소년 독자를 위한 소설을 표방하고 쓴 『봄바람』이 나온 지 올해로 딱 20년이다. 나는 본디 시로 등단하였기에 처음엔 청소년문학에 대해 별 관심을 두지 않았다. 이런저런 강의를 하는 틈틈이 시나 잘 쓸 생각이었다. 그런데 세상일은 알 수 없다. 호기심과 재미로 시작한 게 본업이 되는 경우가 많다. 운명이라면 운명이다. 내가 청소년 소설을 쓸 줄이야!

시로 문단에 나오자마자 시집에 들어 있는 어린 시절 이야기를 동화나 소설로 쓰면 좋겠다는 조언을 많이 들었다. 짧은 시가 이야기가 된단 말이지? 그거 재미있겠다! 이야기 몇 편을 완성했다. 근데 이것들이 묘했다. 어린이들이 읽는 동화도 아니었고, 그렇다고 어른들을 독자로 한 소설도 아니었다. 어린이와 어른 사이에 존재하는 청소년. 그들이 읽으면 딱 알맞은 이야기였다. 어쩌면 내 자신의 성장 정도가 청소년 수준에 머물러 있었는지도 모른다.

조선 시대 때 고산 윤선도가 대나무를 두고 노래한 시가 떠올랐다. 윤선도는 「오우가」를 노래할 때 대나무에 대해 "나무도 아닌 것이 풀도 아닌 것이"라고 했다. 윤선도는 대나무를 나무도 아니고 풀도 아닌데, 곧고, 속은 비어 있고, 사철 푸르러서 좋다고 했다. 청소년 소설이 딱 그짝이었다. 어린이도 아니고 어른도 아니지만 분명 존재하는 청소년. 세상에 대해 선입견 없이 말할 수 있을 정도로 올바르기도 하지만, 아직 내면이 단단히 여물지 않은 청소년. 그래서 더욱 푸른 모습을 띠기도 한다. 이런 푸른 존재인 청소년을 위한 소설을 쓰는 것이 나의 운명이 되었다.

요즘 출판계는 "단군 이래 최대 불황"이라며 신음 소리를 낸다. 출판계와 인연 맺고 산 30년 세월 동안 늘 들은 말이기도 하다. 언제나 "단군 이래~"를 들먹여서 그런 소리를 들어도 그냥 그런가 보다 했다. 언제 출판계가 호황인 적이 있었던가, 하는 마음이 들기도 한다. 그런데 지금은 정말로 심각한 모양이다.

출판계가 어려운 건 도서정가제를 비롯해 책에 관한 정책이 잘못된 것이 표면적인 원인이다. 그런데 그보다 근본적인 까닭은 책을 읽는 사람이 없어서, 라는 게 내 생각이다. 전철을 탔을 때 앞자리에 앉아 있는 승객은 물론 서 있는 승객들도 거의 스마트폰이라는 휴대전화기에 머리를 박고 있다. 예전엔 종이책 아니면 무가지 신문이라도 펼쳐 보는 이들이 많았다. 그런데 지금은 늙은이 젊은이, 남자 여자 할 것 없이 거의가 전화기만 들여다보고 있다. 이런 판국이니 출판계가 어찌 호황일 수 있겠는가? 물론 종이책만이 가치 있는 건 아니다. 전자기기로 전자책을 볼 수도 있다. 하지만 전철을 탄 승객들의 휴대전화기를 슬쩍 넘겨다 보면 거의가 게임, 드라마, 영화, 뉴스 등을 본다. 절대로 전자책을 보지 않는다.

내 주변의 지인들을 봐도 책을 읽는 이들이 많지 않다. 책이라면 작가에게서 한 권 얻어 보아야 되는 걸로 안다. 나름대로는 전문가 행세하며 사는, 제법 배웠다는 지식인조차도 책을 읽지 않는다. 필자가 책을 펴낸 뒤 언론 매체에 서평 같은 게 실리면 필자의 책을 사 보는 게 아니라 전화해서 책 좀 보내 달라고 한다. 필자도 책을 사서 보내 주어야 한다. 책값은 물론 우편료도 만만치 않다. 내색을 하면 쩨쩨한 사람이 된다. 그런 요구를 다 들어 주면 작가는 뭘 먹고 살지?

그런 세상이니 책 읽기가 진즉에 '운동'이 되었다. 예전엔 독서가 이력서의 취미 란을 많이 채웠다. 이제 독서는 취미 수준도 못 된다. 예전엔 "밥이 육체의 살을 찌운다면 독서는 영혼의 살을 찌운다" 라는 말도 곧잘 했다. 이제 독서는 영혼의 살을 찌우지 못한다. 영혼은 모두 '외출 중'이고 저마다 밥벌이에만 목을 매단다. 그러면서 언제 시간이 나서 책을 읽겠느냐고 비명이다.

그런데, 그런데 말이다. 독서는 영혼의 살을 찌우기 위해서가 아니라 생존을 위해서도 필요하다. 특히 자기 생각이 있는 사람으로 살아가려면 반드시 책을 읽어야 한다. 이렇게 말하면 혹자는 어떤 영화의 대사를 빌려 "너나 잘 하세요~"라고 한다. 말이 나와서 하는 말인데, 내친 김에 한마디 더 하자면, 너나 잘하기 위해선 자기 머리로 생각을 해야 한다. 자기 머리로 생각을 하는 첫걸음으로 책을 읽으면 된다. 그게 요즘 유행하는 인문학에도 부합된다. 인문 정신의 첫 걸음은 일단 자기 머리로 생각하는 것이다. 자기 머리로 생각해야, 그 생각을 바탕으로 한 행동을 할 수 있기 때문이다.

1990년대 말과 2000년대 초중반엔 출판계의 활로를 동화책 시장에서 찾았다. 그때도 "단군 이래" 출판계 최대 불황을 동화책 영업을 통해 극복했다. 게다가 이른바 '386세대'가 부모가 되어 자녀들 책 읽기에 관심을 가지고 있었다. 1990년대 중반 이후 웬만한 출판사가 다 동화책을 펴내기 시작했다. 재물 있는 데에 마음 가는 게 인지상정인가? 하여튼 출판계도 그러했다.

다들 동화 시장이 천년만년 갈 줄 알았다. 시간이 지나자 동화를 읽는 아이들이 중고생이 되었다. 어린이가 청소년이 된 것이다. 그런데 그들이 읽을 책이 마땅치 않았다. 동화책을 계속 읽기도 좀 그렇고, 어른들 책을 미리 앞당겨서 읽기도 좀 그랬다. 게다가 초등학교 다닐 때엔 극성이던 부모들도 자녀가 청소년이 되자 책 읽기에는 무관심해졌다.

이 시기에 독서운동이 활기를 띠기 시작했다. 초등학생만을 대상으로 하지 않고 중고등학생도 독서운동 대상이 되었다. 독서가 단지 대학입시의 논술 시험을 대비하기 위한 수단이 아니라 그 이상의 수준이 필요한 시대가 되었기 때문이다. 따돌림, 낙태, 자살,

가출, 학교 중퇴, 대안학교 등등. 청소년 문제가 사회 문제로 떠오르던 시기였다.

이런 때에 나는 청소년 소설 『봄바람』, 『나는 아름답다』, 『밥이 끓는 시간』 등을 잇달아 내놓았다. 독자의 반응이 좋았다. 동화책은 거의 엄마가 사 주는 데 비해 청소년 소설은 중고생 독자가 직접 구매하는 경우가 많았다. 게다가 독서운동 단체들의 반응도 좋았다. 386세대 부모들의 무관심을 독서운동 단체들이 메워 주었다. 하지만 문학평론가들은 내 작품에 대해 가타부타, 쓰다 달다 한 마디도 하지 않았다. 일반 문학 평론가들은 아예 눈길을 주지 않았고, 아동문학 평론가들은 언급할 동화가 많기에 굳이 청소년 소설까지 영역을 확장할 필요를 못 느끼는 것 같았다. 그래서 90년대 후반부터 10년 동안은 거의 혼자서만 청소년 소설을 쓰고 발표했다. 오로지 독자를 믿었고, 독서운동 단체의 지원에 힘입은 채 말이다.

지금은 청소년 소설을 쓰겠다는 작가가 많이 생겨났다. 작가층이 두터워지면서 청소년 소설의 소재나 문장도 많이 달라졌다. 뒤늦게나마 안도감이 든다. 일단 문을 열어 놓으니 많은 작가들이 그 문으로 들어온 것 같아서 말이다. 내 고향 진도 말로 하면 "둠벙을 파 놓으면 개구락지(개구리)들이 모여든다."

작가들만 청소년 소설을 쓰자고 달려드는 게 아니라 출판사들도 잇따랐다. 동화책을 펴내던 출판사들 거의가 청소년 소설도 같이 펴내고 있다. 동화 시장이 포화 상태에 이르자 청소년 소설에 눈을 돌린 것이다. 너도 나도 청소년 소설을 펴내고자 하니, 이는 무어라고 해야 할지.

하여튼 청소년 소설 때문에 요즘 무척 바쁘다. 출판계가 불황이다 보니 상대적으로 더 바빠졌다. 책을 펴내기 위해 작품을 쓰는 시간보다 여기저기 불려 다니며 청소년의 삶과 문학을 이야기해야 하는 시간이 더 많아졌다. 중국 당나라 때 시인 이상은은 제목을 정하지 않은 어떤 시에서 이렇게 노래했다.

> 봄누에는 죽어서야 실뽑기를 그치고春蠶到死絲方盡
> 촛불은 다 타서 재가 되어야 눈물이 마른다네蠟炬成灰淚始乾

시의 앞뒤 행을 보면 연시로 짐작되지만 위의 두 행만 떼어서 보면 살아 있는 동안은 바쁘다는 걸 나타내는 시 같다. 나는 "바빠서 죽을 시간도 없다"는 말을 입에 달고 산다. 청소년 소설을 쓰게 된 뒤로 내 삶의 방향도 달라졌지만, 무엇보다도 바빠서 죽을 시간도 없어진 것이 가장 큰 변화다. 살아 있는 동안은 계속 청소년 소설을 쓰고 못 다 쓴 이야기는 들려 주러 다녀야 할 운명이다. 이런 내 처지를 만해 한용운은 일찍이 「알 수 없어요」라는 시에서 이렇게 노래해 주었다.

> 타고 남은 재가 다시 기름이 됩니다. 그칠 줄을 모르고 타는

나의 작은 가슴은 누구의 밤을 지키는 약한 등불입니까.

– 한용운, 「알 수 없어요」 마지막 부분

물론 시 전체를 보면 다른 의미가 들어 있다. 시는 시인이 쓰지만 해석은 독자 마음대로다. 촛불은 다 타고 나서야 촛농을 흘리지 않지만, 그 촛농은 다시 기름이 되어 그칠 줄 모르고 탄다. 그 기름을 담은 내 가슴은 누구를 지켜야 할까?

내가 『봄바람』을 펴낸 뒤 10년쯤 지나면서부터 다른 작가들이 청소년 소설을 펴내기 시작했다. 한 권 한 권 음미해 가며 당시의 시대상과 얽힌 이야기를 해 보고 싶었다. 청소년이 그 시절을 어떻게 견뎠는지, 작가인 나는 어떻게 견뎠는지….

『나와 청소년문학 20년』은 내가 운명적으로 청소년문학의 길을 걷게 된 지난 20년간의 흔적이다. 그래서 책머리에 20년 동안 외로이 고군분투했던 이야기와, 청소년 소설을 쓰는 후배 작가들이 나온 저간의 사정을 더듬어 보았다. 지난 20년 동안 청소년문학을 하면서 강연, 북콘서트, 작가와의 대화 자리에서 독자들을 직접 만나면서 벌어진 일이나 소회 등을 적은 글들도 갈무리해 봤다.

이 책은 어쩌면 잡지 〈학교도서관저널〉에 연재하지 않았다면 탄생하지 않았을 것이다. 글을 연재하도록 종용한, 〈학교도서관저널〉의 발행인 한기호 출판평론가에게 감사를 드린다. 그는 항상 넘치는 아이디어로 게으른 사람을 독촉하거나 재촉하여 게으름에서 벗어나게 하는 신묘한 기술이 있다. 그의 다음 신묘한 기술은 무엇일는지!

청소년문학의 실태를 쓴 글들도 실었다. 잡지 〈청소년문학〉과 어떤 특정한 해에 나온 청소년 소설에 관한 좌담, 청소년기를 거쳐 온 어른의 자리에 관해 살펴보았다. 나아가 청소년 소설과 동화를 쓰고 살면서 이런저런 현실의 문제에 휘둘려 발언을 해야 했던, 내 생각을 밝힌 글들도 수록했다.

서른 이후 지금까지 30년 가까이 적지 않은 책을 펴내고 살았지만 책을 펴낼 때마다 느끼는 것이 있다. 편집자가 없으면 원고가 책이 되어 나올 수 있을까, 하는 의문. 이번 책도 학교도서관저널의 편집자 이은진 선생이 없었다면 책 꼴을 갖추기 어려웠다. 그는 난삽한 원고를 꼼꼼히 읽고 책 꼴이 되기 위한 방향을 제시해 주었다. 나는 그가 제시해 주는 대로, 마음껏 공을 뿌리는 투수의 심정으로 포수 역할을 해 준 그에게 공을 던지기만 했다.

2016년 여름 無山書齋에서

박상률

차례

2장. 나는 나를 벗한다

3장 청소년 소설의 현재와 미래

1장

나와 청소년문학 20년

청소년문학 20년을 돌아본다

— 내 또래가 고등학교를 졸업할 무렵인 1977년에 〈나의 20년〉이라는 노래가 유행했다. 콧수염을 기른 장계현이라는 가수가 부른 노래다.

동녘에 해뜰 때, 어머님 날 낳으시고
귀엽던 아가야, 내 인생 시작됐네
열두 살 시절엔 꿈 있어 좋았네
샛별의 눈동자로 별을 헤던 시절

커피를 알았고 낭만을 찾았던
스무 살 시절에 나는 사랑했네
너밖에 몰랐고 너만을 그리며

마음과 마음이 주고 받던 밀어密語
그러나 둘이는 마음이 변해서
서로가 냉정하게 토라져 버렸네
새파란 하늘처럼 그렇게 살리라
앞날을 생각하며 인생을 생각하리

요즘 청소년문학을 떠올리면 엉뚱하게도 이 노래가 덩달아 떠오른다. 아마도 내가 쓴 『봄바람』이 발표된 지 20여 년이 되어서 제목이 〈나의 20년〉인 이 노래가 저절로 입에 맴도는 모양이다. 20년은 강산이 두 번 변할 만큼 긴 세월이다. 아닌 게 아니라 그 세월 동안 청소년문학 판을 보자면 엄청난 변화가 있었다.

지난 20여 년 동안에 사회의 다른 분야도 변화가 많았지만, 청소년문학가인 내 처지에서 보면 청소년문학에 대한 인식의 변화는 실로 '감개무량'이다. 그도 그럴 것이 『봄바람』이 나온 뒤 거의 10년 동안은 나 혼자서 청소년문학을 감당했기 때문이다. 2000년대 중반 무렵부터는 다른 작가들이 청소년문학에 관심을 많이 두어 덜 외로웠고 내 어깨가 많이 가벼워졌다.

하여간 〈나의 20년〉이라는 노래의 한 대목처럼 나는 지난 스무 해 동안 "너밖에 몰랐고 너만을 그리며" 살았다. 물론 '너'는 청소년문학이다. 처음 10년은 외로웠지만 점차 외롭지 않게 된 나중 10년. 나의 외로움을 덜어 주고 내 어깨를 가볍게 해 준 다른 작가들의 책을 살짝 돌아본다.

사계절1318문고, 청소년문학의 시작

『봄바람』이 사계절출판사의 '1318문고'로 나온 해는 1997년이다. 1997년은 외환위기가 닥쳐 IMF에 손을 벌려야 하는 상황이 시작된 해다. 웬만한 국영기업은 다 민영화했고, 괜찮은 기업은 외국 자본에 팔아넘겼으며, 직장에서는 '명예퇴직' 칼바람이 불었다. 내 또래 역시 직장에서 막 중견으로 일할 나이인데 불명예스러운 '명예퇴직', 즉 '명퇴'를 자의반 타의반으로 해야 했다. 그래서 그때 받은 명함엔 전화번호가 '○○○-5292'가 많았다. 직장에서 받은 퇴직금으로 오리구이 식당을 많이 차려 전화번호도 '오리구이'와 소리가 비슷하게 '5292'를 많이 썼기 때문이다. 오리구이집이 유행하던 때라 오리구이 식당을 많이 차렸지만 금세 거의 망해 나갔다. 장사는 아무나 하는 것이 아니었다. 퇴직금만 날리고 망연자실해하는 사람들이 많은 시절이었다.

그런 시기에 나는 『봄바람』을 펴냈다. 처음엔 회고조니 옛날이야기니 하는 말을 참으로 많이 들었다. 사람들은 옛날이 더 살기 좋았다고 "아! 옛날이여!"를 입에 달고 다니던 시절이었다. 그런데도 『봄바람』에 대해선 옛날 이야기라서 현재성이 부족하다고 하는 사람들이 많았다. 나는 그런 소리는 한 귀로 듣고 한 귀로 흘려버렸다. 소설에 보편적인 것이 들어 있으면 그만이지, 옛날 이야기, 오늘 이야기가 따로 있는 게 아니기 때문이다. IMF사태를 맞이했다는 건 우리 경제가 마침내 성장이 끝나는 시점에 이르렀다는 걸 의미하기도 했다. 경제는 성장이 끝났지만 육체와 정신이 같이 성장해야 하는 청소년들에겐 끝난 게 아니었다.

1997년에 『봄바람』을 출간하였지만 다음 해인 1998년에도, 또 그다음 해인 1999년에도 다른 작가의 청소년 소설이 나오지 않았다. 1999년은 20세기의 가장 끝에 있는 해였다. '세기말'이라는 말이 낯설지 않은 해였다. 1999년만 지나가면 2000년, 즉 21세기라는 새로운 세기가 시작되었다. 내 개인적으론 지난 세기니 새로운 세기니 하는 구분이 마뜩하지 않았지만 사람들은 새로운 세기에 대한 기대와 염려에 마구 들떠 있었었다. 새로운 세기가 온다고 해서 사람들의 삶, 특히 청소년들의 삶이 바뀔 것 같지는 않았다. 삶의 바탕은 묵은 세기이든 새로운 세기이든 그다지 다르지 않기 때문이다.

다른 작가들의 청소년 소설이 나오지 않자 2000년에 나는 『나는 아름답다』를 '1318문고'로 또 펴냈다. 이어 2001년엔 『밥이 끓는 시간』을 내놓았다. 그럼에도 청소년 소설을 쓰겠다는 작가가 겉으로 많이 드러나지 않았다. 그래서 사계절출판사에서는 '사계절문학상'을 제정하기에 이른다.

첫술에 배부르지 않듯이 1회(2003년) 때는 대상을 못 내고 우수상으로 이재민의 『사슴벌레 소년의 사랑』을 뽑았다. 그 이후 주목을 받은 대상 작품이 많이 나왔다. 이옥수의 『푸른 사다리』(2회), 신여랑의 『몽구스 크루』(4회), 김해원의 『열일곱 살의 털』(6회), 박지리의 『합체』(8회), 이송현의 『내 청춘, 시속 370km』(9회), 홍명진의 『우주 비행』(10회), 김선희의 『더 빨강』(11회), 최상희의

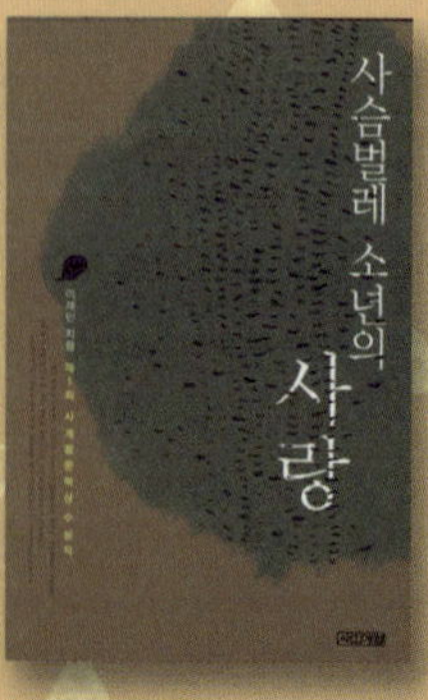

사계절문학상 수상작들. 2000년대 초에 제정된 사계절문학상은 1회 우수상 수상작 『사슴벌레 소년의 사랑』을 시작으로 『푸른 사다리』, 『몽구스 크루』, 『열일곱 살의 털』, 『합체』, 『내 청춘, 시속 370km』 등의 대상작을 선정해 수많은 청소년 작가를 배출했다.

『델 문도』(12회) 등이 사계절문학상 대상을 받은 작품들이다. 나는 10년 넘게 예심과 본심 심사위원으로 사계절문학상에 응모하는 작품들의 경향을 살펴보면서, 이제 청소년문학판에서 뒤로 물러나도 되겠다는 확신을 갖게 되었다.

사계절문학상을 받은 작가들은 수상을 계기로 이후 청소년 소설가로 활발한 활동을 하고 있다. 심사위원들로 하여금 머리털만이 아닌 다른 털까지 상상하게 한 『열일곱 살의 털』의 작가이자 사계절문학상 6회 수상자 김해원은 이후 『추락하는 것은 복근이 없다』(사계절, 2015)라는 단편집에 그만의 개성적인 인물과 독자로 하여금 슬며시 웃음 짓게 하는 독특한 유머를 구사함으로써 책 읽기의 즐거움을 안겨 주었다. 사계절문학상 8회 수상자인 박지리는 뒤이어 펴낸 『맨홀』(사계절, 2012)에서 여러 측면에서 바라볼 수 있는 등장인물을 내세워 많은 생각거리를 던져 주었다. 이들 수상자 모두 나 혼자 10여 년 간 고군분투했던 청소년문학계를 많이 풍성하게 해주었다.

특히 2회 대상 수상자인 이옥수는 이후 『내 사랑, 사북』(사계절, 2005), 『킬리만자로에서, 안녕』(시공사, 2008), 『키싱 마이 라이프』(2008), 『개 같은 날은 없다』(2012, 이상 비룡소) 등의 작품집을 펴내며 청소년 소설가로 확실히 자리를 잡았다. 4회 수상자인 신여랑은 『자전거 말고 바이크』(낮은산, 2008) 등 아주 개성적인 청소년 소설을 선보였다.

2000년대 후반, 청소년문학의 전성기

사계절문학상에 이어 출판사 창비도 청소년문학상을 제정했다. 창비청소년문학상 1회(2008년) 수상작인 김려령의 『완득이』는 청소년 소설의 바람을 불러 일으켰다 해도 과언이 아닐 정도로 독자들의 반응이 좋았다. 당시 심사위원들은 "희화적인 인물 설정과 리드미컬한 대화, 어디서 터질지 모르는 유머는 잘 읽히는 수준을 넘어, 눈앞에서 곧장 만화 페이지가 넘어가는 느낌마저 준다"라는 심사평을 했다. 그래서 나중에 영화로도 제작되었고, 『완득이』에 나오는 인물들의 말투와 사건을 청소년 소설의 전형으로 삼는 작가가 생길 정도였다. 김려령은 이어 평범한 소녀의 죽음에 따른 사실과 진실을 설득력 있게 그린 『우아한 거짓말』(창비, 2009)을 펴냄으로써 작가 자신만의 독특한 청소년 소설 문법을 내보였다.

창비청소년문학상은 2회 때 구병모의 『위저드 베이커리』를 당선작으로 내보이며 확실히 터를 다졌다. 『위저드 베이커리』는 미스터리, 공포, 판타지 요소를 담고 있었다. 『완득이』에 이어 『위저드 베이커리』의 장르소설적 요소는 이후 창비 청소년문학의 방향성을 제시한 것처럼 보였다. 사실 순문학과 장르문학의 경계를 나누는 것은 별 의미가 없고, 경계 자체도 모호하다. 하지만 문학계와 출판계는 오랫동안 경계 짓기에서 벗어나지 못했다. 이후 구병모는 『방주로 오세요』(문학과지성사, 2012) 등의 작품을 꾸준히 펴내며 청소년 소설가로서 자기 존재를 각인시켰다.

비룡소, 문학동네, 자음과모음 등의 출판사에서도 청소년문학

사계절문학상에 이어 창비도 청소년문학상을 제정했다. 1회 수상작인『완득이』와 2회 수상작인『위저드 베이커리』는 독자들의 반응이 좋아 창비 청소년문학상의 확실한 터를 잡게 해줬다. 자음과모음에서도 청소년문학상을 제정했는데 1회 수상작인『시간을 파는 상점』은 시간의 양면성에 대한 독특한 서술로 호평을 받았다.

상을 제정했다. 특히 자음과모음 청소년문학상 1회 당선작인 김선영의『시간을 파는 상점』(2012)은 시간의 양면성에 대하여 호기심과 긴장감을 유발하게 하는 이야기 방식으로 요즘 아이들의 현실을 잘 포착한 작품이라는 인정을 받았다.

2000년대 후반은 청소년의 삶에서도 많은 변화가 일어났던 시기였다. 2009년 무렵, 당시 이명박 정부는 각급 학교에 일제고사를 도입하여 전국의 모든 아이들을 시험 성적으로 줄을 세우고자 하였다. 이에 반발한 한기호 한국출판마케팅연구소 소장은 학교도서관 관련 잡지를 내자고 제안했다. 앞으로의 사회는 기계적으로 암기만 하는 시험 선수가 아니라 학교도서관에서 책을 읽고 토론을 하며 창조력과 문제 해결 능력을 갖춘 사람이 필요하다는 취지였다. 그래서 창간 준비호를 거쳐 2010년 3월호로 〈학교도서관저널〉이라는 월간지를 창간했다. 나는 한기호 소장의 의견에 적극 찬동하여 창간 초기에 그 잡지의 기획위원으로 참여했음은 물론 청소년 소설 『방자 왈왈』을 이 잡지에 연재했다. 이 작품은 제목에서 알 수 있듯이 『춘향전』의 각 인물들을 방자의 시선에서 바라본 소설이다. 이미 알고 있는 이야기일지라도 얼마든지 재창조할 수 있음을 보여 준 작품이기도 했다. 『춘향전』에 대해 일반적으로 정해진 질문과 정해진 답만 외운 학생들은 무척 당혹스러운 작품이었겠지만, 방자의 처지에서 보면 새롭고도 많은 이야기를 발견할 수 있다. 작가인 나는 방자가 하는 얘기를 받아 적었을 뿐이고, 그의 행적을 그렸을 뿐이었다.

청소년 소설의 영역을 확장시킨 작가들

청소년 소설 마당에 동화 작가들이 많이 뛰어들었지만 동화와 소설은 애초에 문법이 달라 작품성을 인정받는 경우는 드물었다. 그러나 이금이와 이경혜, 이현, 이상권은 단연 돋보이는 작가들이라고 할 만하다. 이금이는 『유진과 유진』(2004), 『신기루』(2012, 이상 푸른책들) 등의 소설에서, 이경혜는 『어느 날 내가 죽었습니다』(바람의아이들, 2004)에서, 이현은 『우리들의 스캔들』(2007), 『1945, 철원』(2012, 이상 창비)에서 작가 고유의 색깔을 보여줌으로써 청소년 소설의 새로운 지평을 열었다. 생태 동화를 많이 썼지만 그에 못지않게 청소년 소설로 자신만의 영역을 확장시킨 작가로는 이상권을 들 수 있다. 『난 할 거다』(사계절, 2008), 『발차기』(시공사,

2009), 『성인식』(2010), 『하늘을 달린다』(2011, 이상 자음과모음) 등은 이상권만이 가지고 있는 현실 인식의 단면을 볼 수 있다.

나는 기회가 있을 때마다 청소년 소설의 영역 확장을 주장했다. 추리, 환경, 과학, 동물, 역사 등으로 소재와 주제를 넓혔으면 하는 바람이 있었다. 그런 측면에서 보자면 정은숙의 『정글북 사건의 재구성』(사계절, 2014), 한정영의 『오드아이 프라이데이』(사계절, 2014), 윤혜숙의 『밤의 화사들』(한우리문학, 2015) 등은 매우 값지다. 정은숙은 추리에 능한 작가다. 그의 『정범기 추락사건』(창비, 2011)이나 『정글북 사건의 재구성』은 그의 장기를 마음껏 발휘한 작품으로 보인다. 한정영은 외로운 청소년들이 자신들만의 꿈과 이상을 좇아 홀로 서는 이야기에 능하다. 어디로 튈지 모르는 독특한 상상력의 소유자인 그는 청소년들의 내면까지 같이 나누고자 한다. 윤혜숙은 역사물에 능하다. 그는 역사 속에 존재했지만, 존재감이 없는 인물들을 찾아내 그만의 필치로 이야기를 잘 풀어낸다. 『뽀이들이 온다』(사계절, 2013)에서는 책 읽어주는 전기수를, 『밤의 화사들』에서는 조선 시대의 화가들을 불러낸다. 하여간 이들 모두 청소년문학의 영역을 넓힌 소중한 작가들이다.

애초에 일반 소설을 썼지만 청소년 소설을 겸하는 대표 작가로는 김종광과 박정애를 꼽을 수 있다. 대부분의 소실가가 한두 편의 청소년 소설을 쓰고 마는 데 비해 김종광은 여러 편의 청소년 소설을 통해 일반 소설에서 보여준 입담을 보여 주고 있다. 『야살쟁이록』(우리교육, 2004), 『처음 연애』(사계절, 2008) 등이 그의

동화 작가였다가 청소년 소설 마당에 뛰어든 이금이, 이경혜, 이상권 등은 자신만의 고유한 색깔을 보여줌으로써 청소년 소설의 새로운 지평을 열었다. 추리에 능한 정은숙, 일반 소설가와 청소년 소설을 겸해서 쓰는 김종광, 새롭고 독특한 문법으로 정체성을 획득한 김혜정 등도 청소년 소설의 새로운 영역을 보여주는 작가들이다.

청소년 소설 작품이다. 박정애 역시 일반 소설가로서 청소년 소설 창작을 많이 했다. 『환절기』(우리교육, 2005), 『괴물 선이』(한겨레틴틴, 2013), 『첫날밤 이야기』(단비, 2013) 등을 펴낸 그는 특히 이 땅에서 고난을 당한 여성들의 이야기를 청소년 독자에 맞게 잘 수습해 내놓는다. 남상순도 일반 소설을 쓰는 작가이지만 『라디오에서 토끼가 뛰어나오다』(시공사, 2011) 등을 통해 청소년 소설가로서의 가능성도 많이 보여주었다.

자신만의 색깔을 지닌 작가들

청소년 소설에서 자기만의 독특한 색깔을 선보인 작가로는 김혜정과 이경화, 임태희 등을 들 수 있다. 김혜정은 『하이킹 걸즈』(비룡소, 2008), 『판타스틱 걸』(비룡소, 2011), 『다이어트 학교』(자음과모음, 2012), 『텐텐 영화단』(사계절, 2013) 등의 작품을 통해 '김혜정표'를 확실히 드러냈다. 이경화는 『나』(바람의아이들, 2006)에서 동성애자의 인권에 대해, 『지독한 장난』(뜨인돌, 2014)에선 가해자, 관찰자, 피해자가 한 반인 아이들의 모습을 잘 그려냈다. 임태희는 『쥐를 잡자』(푸른책들, 2007)에선 원치 않은 임신에 따른 절박한 상황을 그려냈고, 『나는 누구의 아바타일까』(사계절, 2007)를 통해서는 사이버상의 '나'와 현실 속의 '나'가 감정을 공유하는 것을 보여주었다.

앞서 말했듯이 청소년문학은 사계절출판사의 '1318문고'로 시작되었다. 90년대 말만 해도 작가건, 출판사건 간에 청소년문학에 대해선 모두 긴가민가했다. 그런데 이제는 웬만한 출판사들이 다 청소년문학 문고를 가지고 있다. 사계절출판사에 이어 창비, 문학과지성사, 문학동네, 비룡소, 시공사, 푸른책들, 바람의아이들, 자음과모음, 우리교육, 뜨인돌, 양철북, 탐, 단비, 다른, 한겨레출판, 별숲, 낮은산, 상상의힘, 작은숲, 우리같이, 한우리문학, 실천문학 등 얼른 손에 꼽아도 어렵지 않게 스무 군데가 넘는다. 이밖에도 출판사 우리학교나 북멘토 등은 이슈를 잡아 청소년들이 읽을 만한 단행본을 재빨리 내놓는 기민함을 보여 준다. 이처럼 청소년문학이 풍성해졌다는 것은 어른과 어린이 사이에 끼여 있는 청소년의 존재를 문학계에서도 인정한다는 것 아닐까.

청소년 소설을 쓰는 작가 모두 〈나의 20년〉의 한 구절처럼 "둘이는 마음이 변해서 서로가 냉정하게 토라져 버렸네"가 되지 않았으면 하는 바람이다. 이는 청소년 소설을 쓰겠다고 달려들었지만 언제 내팽개쳐 버릴지 모르는 작가들의 변심이 염려스러워 노심초사하는 나의 노파심인지도 모른다.

이제 이 땅에 청소년문학이 시작된 지 20년이 된다. 청소년 소설의 앞날이 〈나의 20년〉의 마지막 구절처럼 "새파란 하늘처럼 그렇게 살리라, 앞날을 생각하며 인생을 생각하리"였으면 좋겠다.

잡지 〈청소년문학〉은 어디로 갔을까?

— 내가 책날개에 지은이 약력을 쓸 때 빠트리지 않는 것 가운데 하나가 계간 〈청소년문학〉의 편집주간을 오랫동안 맡았다는 것이다. 〈청소년문학〉은 2006년 여름 호로 창간하여 2011년 겨울에 마지막 책을 펴냈다. 2011년 겨울 호가 통권 23호였으니, 햇수로 6년간 편집주간을 맡았다. 그런 까닭에 '오랫동안'이라고 표현하는 것이다. 물론 더 긴 세월을 잡지에 바친 사람이 많아 내가 겪은 6년은 우스울 수도 있지만, 이 땅에서 처음 펴낸 청소년문학 관련 잡지였는지라 선례가 없어 애를 많이 먹은 탓에 그렇게 표현한다. 예나 지금이나 문학계에서는 미운 사람에게 문학 잡지를 하라고 권한다는 속언이 있다. 그만큼 문학 잡지는 하기 어렵다는 얘기다. 그런데 그 가운데서도 청소년문학 잡지는 더 어려웠다.

계간 〈청소년문학〉을 시작할 때 창간호에서 나는 호기롭게 선언

했다. 이 잡지는 무엇보다 걷기와 같은 책이 될 것이라고.

우리는 이러한 모든 현상을 보고 새로운 의미를 담을 종이책이 필요하다는 결론을 내렸다. 속도감 있는 다른 매체들과 달리 종이책은 느리게 대할 수밖에 없다. 그러나 그 느림의 과정에서 독자는 느끼고 생각하고 정리하며 새로운 것을 창조해낼 것이다. 인간의 사고 기제는 자신의 걸음 속도와 같이 갈 때 가장 이상적으로 작동한다고 하지 않은가. 종이책은 바로 걷기와 같은 것이다. 인터넷 같은 매체는 뜀박질인데, 인간은 빨리 뛰면서는 깊은 생각을 하기 어렵다.

〈청소년문학〉은 바로 걷기와 같은 책이 될 것이다. 온갖 매체를 통해 다양한 경험을 한 아이들이 종이책을 통해 자신의 생각을 정리하고 다듬도록 할 것이다. 정신없이 뛰던 아이들이 걸으면서 숨을 고르고 자신을 들여다보는 계기가 되도록 할 것이다.

–「창간호를 펴내며」, 〈청소년문학〉 2006년 여름 호

창간호 머리말을 쓸 때가 2006년 봄이었으니, 그동안 10년 세월이 지났다. "10년이면 강산도 변한다"는 말이 있다. 실제로 강산이 많이 변했다. 청와대 전 입주자였던 이 머시기 대통령은 대한민국의 큰 강을 다 도륙내고도 아무 일 없이 살고 있다. 그는 죽지도 않은 강을 살린다며 말의 혼란을 일으켰다. 말이 혼탁해지면 생각도 같이 타락하기 마련이다. 사람들은 긴가민가하면서도 그

의 말에 따를 수밖에 없었고, 대부분 가방끈이 긴 추종자들은 그의 말을 좇아 사람들을 겁박했다. 그 결과 지금 대한민국의 산과 강이 모두 신음하고 있다. 산과 강뿐만 아니라 거기에 깃들어 사는 사람들의 신음 소리도 비명에 가깝다. 〈청소년문학〉은 그런 어른들의 신음 소리보다 더 절실한 아이들의 신음 소리를 담아내고자 했다. 대한민국의 강산이 망가져 가는 만큼 아이들의 삶도 더욱 망가져 가고 있었다.

〈청소년문학〉을 처음 준비할 때에 무엇보다도 심혈을 기울인 것은 아이들의 독서 환경이다. 텔레비전, 인터넷, 휴대전화기, 온갖 영상물 등은 아이들로 하여금 책을 가까이 하지 못하게 하는 '유혹물'이었다. 어른들은 일찌감치 그런 것에 빠져들어 허우적대고 있었지만 아이들만이라도 중독되지 않게 하려는 몸부림을 쳤다. 그래서 '종이책을 읽자'며 종이 잡지를 창간했던 것이다. 종이책은 일단 자기 머리로 생각을 하게 해 준다. 종이책 아닌 것에서도 얻을 것은 많지만 다른 매체들은 대부분 너무나 '핑핑' 도는 속도 경쟁을 부추긴다. 틈이 없다. 그래서 생각을 할 여유가 없다. 이미 주어진 대로 머리를 작동하거나 손가락을 놀리기만 하면 된다.

새로운 매체들만 아이들의 독서 환경을 나쁘게 한 것은 아니다. 더 나쁜 것은 시험 위주로 아이들을 통제하려는 어른들의 속셈이었다. 논술이니 대학 입학시험이니 하는 것을 들먹이며 아이들에게서 책 읽기의 즐거움을 빼앗은 뒤, 독서마저도 성적으로 줄 세우려 하는 어른들! 하지만 나는 나쁜 환경에 빠진 아이들의 처

〈청소년문학〉을 처음 준비할 때
무엇보다도 심혈을 기울인 것은 아이들의 독서 환경이다.
텔레비전, 인터넷, 휴대전화기, 온갖 영상물 등은 아이들로 하여금
책을 가까이 하지 못하게 하는 '유혹물'이었다.
어른들은 일찌감치 그런 것에 빠져들어 허우적대고 있었지만
아이들만이라도 중독되지 않게 하려는 몸부림을 쳤다.

지를 애써 긍정적으로 보면서 어떤 환경에서라도 할 수 있는 것을 찾았다.

요즘 아이들이 처한 환경이 꼭 나쁘지만은 않다. 인터넷 글쓰기 같은 게 가벼운 것 같지만 아이들은 여전히 문자를 활용한다. 게다가 휴대전화가 나오자 '이제 문자는 영영 끝나는군' 했다. 그러나 오히려 문자 보내기 기능이 있어 아이들은 그걸 더 활용한다. 좁은 글자판에 글자 수를 맞춰야 하는 어려움이 있지만 아이들은 그것조차도 잘 활용하여 시간과 장소를 가리지 않고 문자로 소통하는 것이다. 또 인터넷에 개인 블로그나 카페 같은 것이 생겨 시나 소설의 짧은 대목이 예전보다 더 많이 소개되고 있다. 우리는 지금 눈앞에서 벌어지고 있는 상황을 오히려 의미 있게 살피며 그걸 적극 활용하고자 한다.

한국문화예술위원회가 작년에 시작한 사이버문학광장 안의 글틴 같은 코너를 보라. 아이들은 이미 그 마당을 적극 활용하고 있다. 그러면서도 사이버 공간 안에서의 한계를 벗어나 현실 공간 안에서의 만남이나 글쓰기 활동을 하고자 한다.

–「창간호를 펴내며」, 〈청소년문학〉 2006년 여름 호

실제로 그렇다. 요즘 아이들을 두고 책을 읽지 않느니, 독해 능력이 떨어지느니 하지만 전적으로 옳은 말은 아니다. 단지 종이책을 덜 읽을 뿐 나름대로 글을 읽으며 글쓰기를 하고 있다. 인터넷

이나 스마트폰 세상이 열리면서 아이들은 예전보다 글쓰기를 더 많이 한다.

그런데 요즘 아이들이 글자를 많이 접하기는 하지만 어쩌면 글자를 그저 보는 것인지도 모르겠다. 왜냐하면 인터넷이나 스마트폰 속의 글은 미처 생각할 겨를 없이 휙휙 지나가는 터라 글의 맥락을 돌아볼 여유가 없기 때문이다. 글쓰기도 마찬가지다. 요즘 아이들도 나름대로 글을 쓰기는 쓴다. 어쩌면 예전 아이들보다 글을 쓸 기회가 더 많은지도 모른다. 그런데 가만 들여다보면 요즘 아이들의 글쓰기는 거의가 그림이나 사진 위주의 이미지를 안내하는 정도이다. 워낙 이미지에 길들여지다 보니 글로 상황을 그려 내지 못한다. 웬만한 것은 사진으로 대체하고, 사진 밑에 설명만 붙인다. 글이 많으면 읽어 내지도 못하고 글로 상황을 그려 내지도 못한다. 앞에서 독해 능력이 떨어지는 것만도 아니라고 한 말은, 시험에 나오는 것만을 두고 보면 독해 내지 이해 능력이 뛰어나지만 그런 것에서 조금만 벗어나면 어리둥절해하고 횡설수설한다는 뜻이다.

한국문화예술위원회의 사이버문학광장의 '글틴' 같은 곳도 공간만 사이버상이지 실제는 시, 소설, 생활글 등이 밑바탕을 이룬다. 〈청소년문학〉 역시 새로운 환경의 변화를 나름대로 수용하여 아이들로 하여금 글을 읽고 글을 쓰도록 '유도'하고자 했다.

그런데 지금은 〈청소년문학〉을 못 낸다. 잡지 환경이 바뀌어서만은 아니다. 10여 년 전에 경제적으로 더 어려울 때에도 내던 잡지였다. 〈청소년문학〉뿐만 아니라 청소년을 대상으로 한 다른 잡지도 나오지 않는다. 정부도 기업도 출판사도 청소년에게 아무런 관심이 없기 때문이다. 아이들의 문제가 사회 문제가 되어 언론에 오르내릴 땐 모두들 입에 거품을 물고 학교 교육이 어쩌고, 가정 교육이 저쩌고 하지만 이내 곧 조용해지고 만다. 그렇기에 정부도 지원을 않고 기업도, 출판사도 지원을 하지 않는다. 오로지 아이들을 대상으로 돈벌이 하는 것에만 몰두한다. 아이들이 어떻게 되든지 말든지 그런 건 상관할 바가 아니다. 다들 나 몰라라 하는 사이 아이들은 더욱 멍들어 간다.

우리 사회는 결코 성숙한 사회가 아니다. 청소년 잡지 하나 유지할 수 없는 나라다. 신자유주의 기치 아래에서 오로지 수익이 나는 것에만 관심이 있다. 그 수익도 당장 나야 한다. 절대로 기다리지 않는다. 이런 상황인데 〈청소년문학〉을 어떻게 펴낼 수 있겠는가? 하지만 나는 이 잡지가 폐간이 아니라 휴간이라 생각하고 다시 펴낼 날을 기다린다. 그래서 몇 해 전에 다른 매체에 이런 의견을 밝힌 바 있다.

> 마침표(.)를 칠 수 없어 쉼표(,)를 쳤다. 내게 잡지 〈청소년문학〉은 그런 존재다. 내가 생을 마칠 때까지 마침표를 칠 수 없는 내 사랑의 대상. 내게 문학의 한 갈래로서의 청소년문학 역시 영원히 마침표 없는 문학이다. 그러니 잡지 〈청소년문학〉이라고 다르겠는가. 잡지 〈청소년문학〉은 지금 쉬고 있다. 하지

만 잠깐 쉴 수는 있어도 이대로 마칠 수는 없다. 그래서 쉼표로 시작했다.

—「잡지 〈청소년문학〉의 의미」, 〈기획회의〉 327호(2012년 9월)

그렇다. 〈청소년문학〉을 이대로 사라지게 할 수는 없다. 누군가가 다시 맡아 쉼표를 빨리 걷어 냈으면 좋겠다. 그러면 내 책의 책날개 약력은 이렇게 달라질 것이다. "계간 〈청소년문학〉 초기에 편집주간을 맡았다…."

시대가 바뀌어도 바뀌지 않는 청소년의 삶

필자가 『봄바람』을 펴낸 뒤 가장 많이 들은 말은 '회고조'라는 말이다. 『봄바람』에 들어 있는 이야기가 작가의 어린 시절을 회고한 것이라는 뜻이다. 본격적인 평론은 하지 않고 그저 "1960년대 작가의 어린 시절 회고조인 이야기로~" 하는 인상 비평 내지 감상평만 들었다. 이럴 때는 아이들이 쓰는 말로, 그래서 어쨌다고? 라고 하고 싶다. 하지만 작가는 오로지 작품으로만 말하는 사람이다. 판사는 판결로만 자신의 존재를 드러내고, 정치가는 자신의 행동을 통해서 존재감을 알리는 사람이듯이.

소설은 기본적으로 지나간 일을 다룬다. 기억을 재구성하는 것이다. 때로는 기억을 재구성하는 시점에서 기억이 바뀌기도 한다. 게다가 작가의 주장이나 판단 같은 것을 담기도 한다. 이야기를 전해 주는 서사적 기법을 잘 활용하기 위해서 그런다. 그래서 소설은 과거형으로 쓴다.

물론 소설을 과거형으로 쓴다고 해서 현재의 삶을 다루지 않는다는 말이 아니다. 주장이나 판단을 표면적으로 드러내지 않기 위해 그럴 뿐이다. 말하자면 작가가 이야기 들려 주는 역할을 잘하기 위해 과거형으로 묘사를 하는 것이다. 이때 작가의 주장이나 판단이 마치 이야기를 들려 주는 것 같은 방식으로 녹아들기도 한다.

편의상 갑순이와 갑돌이가 있다고 하자. 갑순이와 갑돌이는 '우연히' 재 너머 고갯길 넘어 있는 밭으로 일하러 간다. 두 사람은 그냥 같은 시각에 고개를 넘어 갔을 뿐이다. 이것을 '우연히' 본 을순이가 저녁 때 우물가에서 이런 말을 했다. "갑순이와 갑돌이가 보리밭에 가서 놀았어!" 갑순이와 갑돌이는 함께 보리밭 근처에도 가지 않았는데 이야기를 들려 주는 을순이의 판단이나 주장에 따라 같이 보리밭에 가서 논 사람이 되어 버린다. 이 말을 들은 병순이는 아예 한 술 더 뜬다. "을순이한테서 들은 이야기야. 비밀로 하기로 했으니까 너만 알고 있어. 갑돌이와 갑순이가 보리밭에서 뒹구는 것을 을순이가 보았대. 보리밭이 다 뭉개졌다는구만. 근데 얼마 전에 둘이 읍내 산부인과에 다녀오는 것 같더라구…." 병순이의 말을 들은 정순이는 "갑돌이와 갑순이가 애를 낳아서 건넛마을 애 못 낳는 최씨 부부에게 주었대. 최씨 부부의 아기가 사실은 갑순이와 갑돌이가 낳은 아이래!"라고 한다.

이야기가 사람을 건너갈 때마다 덧붙여지고 비틀어진다. 여기서 이야기를 들려 주는 사람은 곧 작가다. 이야기를 들려 주는 사람은 기본 이야기에 자신의 주장이나 판단을 덧붙인다. 이야기를 더 얹을 때마다 이야기를 들려 주는 사람의 '의도'가 반영된다. 때론 사실이 왜곡될 만치….

이렇게 이야기를 들려 주는 방식이 현대에 들어와선 전형적인 소설의 방식이 되었다. 이야기를 잘 들려 주기 위해 과거형으로 묘사를 하던 버릇이 소설 문법으로 굳은 것이다. 이야기를 과거형으로 하면 서사성이 높아진다. 그 서사가 사실이냐, 아니냐는 일단 놔 두고라도. 그러고 보니 필자가 예로 든 것도 옛날에 늘 있던 시골 풍경이다. 이러니 '회고조'라는 말을 들을 수밖에….

그런데 사는 방식이나 환경은 달라졌지만 지금도 서사가 비슷하게 펼쳐지는 사례는 많다. 단지 필자가 경험한 것을 예로 드는 게 가장 쉬우므로 옛날 사례가 튀어나온 것이지, 보편성이 없는 게 아니다. 보편성이 있으면 옛날 일이든 지금 일이든 상관없다는 게 내 생각이다.

조선 시대든 현재든 미래의 어느 때든 청소년기를 보내는 이들이라면 똑같이 느끼는 것이 있다. 다른 시대 청소년들이지만 똑같이 통하는 것, 변하지 않는 것, 그게 '보편성'이다. 시대가 어떻든 청소년들에게 있어 변하지 않는 것 세 가지는 다음과 같다는 게 필자의 생각이다.

시대의 고금을 따질 필요 없이 청소년들이 가장 절실(?)하게 느끼는 것은 이성에 대한 호기심일 것이다. 그 나이 때 청소년들은 생리작용이 활발하여 이성에 대한 호기심이 가장 왕성하다. 남자아이는 여자아이에게, 여자아이는 남자아이에게 관심을 갖는다. 노골적인 관심이든 관심이 없는 척 위장을 하든 그 시기를 보내는 아이들은 하여튼 '내 마음 나도 몰라'다. 더불어 또래 집단에 속하고자 하는 욕구도 강하다.

이성에 대한 호기심 다음으로는 집을 떠나고 싶어 하는 심리를 갖고 있다. 아무리 부모가 잘해 주어도 어딘가에 자기가 그리는 이상향이 있을 것만 같다. 그런 심리가 바닥에 깔려 있어 기회만 되면 집을 나오고 싶어 한다. 이른바 가출이다. 하지만 지금 아이들 가운데 영악한 이들은 '집 나가면 개고생'이라는 현실적인 판단을 하여 절대로 집을 나가려 하지 않는다. 이런 심리를 반영하여 어떤 광고에선 노골적인 광고 문구로 써먹기도 했다. 가출 심리가 안정되어 현실을 인정하고 차분히 지내면 어른들은 곧잘 '철들었다'고 한다. 집 나가면 개고생인 줄 너무 잘 아는 아이들, 현실을 일찌감치 인정하는 아이들 모두 사실은 '길들여져' 있다. 철이 들어서 그런 것만은 아니다.

청소년기를 보내는 아이들은 미래가 불안하다. '나중에 어른이 되면 뭘 할까?' 이런 걱정을 하기 마련이다. 신분 사회였던 조선 시대에도 아이들은 미래에 대해 걱정을 하였다. 시대가 바뀌어도 변하지 않을 아이들의 고민이다. 조선 시대에 양반집에서 태어난 아이들은 과거를 보는 걸 당연하게 여겼다. 과거를 통과하려면 공부를 많이 해야 한다. 그러나 그 시기 아이들은 '공자 왈 맹자 왈'이 따분하기만 하다. 『춘향전』의 몽룡이 같은 인물을 보자. 미

당대의 현실도 중요하다. 하지만 옛날이나 지금이나 미래에나 변하지 않을 보편성도 중요하다. 나는 『봄바람』에서 그런 보편성을 그리고자 했다. 시대 배경이 1960년대라고 해서 단순히 회고조라고만 하면 작가의 의도를 잘 살피지 못한 독법이다.

래를 위해서는 공부를 해야 하는데 현재의 삶에서는 공부보다 연애가 더 중요하다. 그런데도 몽룡은 과거에 급제하고 춘향이를 구하는 어사가 된다. 『춘향전』은 그 시대 아이들의 바람을 잘 반영했다. 공부 안 하고도 과거에 급제하고 사랑하는 이도 구할 수 있으면 좋겠다는 바람!

『봄바람』은 앞에서 말한 세 가지를 모두 담고 있다. 이성에 대한 호기심, 집을 떠나고 싶어 하는 심리, 미래에 대한 불안감. 청소년 소설은 이 세 가지를 잘 버무려야 한다. 이른바 '사건화'를 하는 것이다. 『봄바람』에서 훈필이가 은주에 대해 갖는 관심과 서울아이에 대한 관심 모두 이성에 대한 호기심의 발로이다. 그러나 그것만으로 끝났으면 삼각관계를 그린 통속소설이 되고 말았을 것이다. 여기에 나는 청소년들이 떠나고 싶어 하는 심리를 반영하여 훈필이로 하여금 가출을 하게 하였다. 비록 그 가출은 실패로 끝났지만.

훈필이가 가출을 결심하게 된 계기는 염소의 죽음도 한몫했다. 그 염소는 어떤 염소인가? 훈필이가 상급학교에 진학할 때 학비가 되어 주어야 하는 염소다. 그런데 그런 염소가 죽고 말았다. 훈필이로선 좌절할 수밖에 없다. 훈필이가 생각하기에 은주는 옛날 은주가 아닌 것 같고 서울 아이는 별반 자기에게 관심이 없는 것 같다. 거기에 염소까지 죽었으니 앞날이 캄캄하다. 그러니 더욱 집을 나가고 싶었을 것이다.

훈필이가 가출에 실패하고 돌아왔을 때 훈필이 아버지는 "성공해서 왔냐?"고만 묻는다. 훈필이가 집을 나갈 때 성공해서 돌아오겠다는 편지를 써 두고 나갔기 때문이다. 물론 자식을 키워 본 나는 훈필이 아버지처럼 하지 않았을 것이다. 그렇다면 나는 위선자인가? 내가 현실에서 그런 일을 당했으면 꽤나 큰소리를 냈을 것이다. 그러나 소설에선 아무 일 없는 것처럼 무덤덤하게 그렸다. 이건 내가 위선자여서가 아니라 훈필이 아버지 같은 아버지가 되고 싶다는 내 무의식의 발로가 아니었을까?

여하튼 옛날 아이나 지금 아이나 미래 어느 시대 아이이든 『봄바람』에 담긴 이야기를 크게 벗어나지 않을 것이다. 그들 삶의 밑바탕을 이루는 환경은 변하겠지만 기본적인 틀은 바뀌지 않을 것이다. 그런데 이런 것을 무시하고 단순히 '회고조'라고만 단정할 수 있을까? 걸핏하면 청소년 소설에선 당대의 아이들 현실을 그려야 한다고 주장하는 사람들이 많다. 당대의 현실도 중요하다. 하지만 옛날이나 지금이나 미래에나 변하지 않을 보편성도 중요하다. 나는 『봄바람』에서 그런 보편성을 그리고자 했다. 그런데 시대 배경이 1960년대라고 해서 단순히 회고조라고만 하면 작가의 의도를 잘 살피지 못한 독법이다. 물론 독자는 작가의 의도를 살피지 않는다. 오로지 자기식으로 읽고 판단한다. 작가의 이런 해명이 사실은 불필요하다.

소설이 지나간 것을 과거형으로 다루는 이유는 무엇보다도 서사성을 높이기 위한 까닭이 크다. 서사성을 높이려면 지나간 일을 차분히 돌아보고 작가의 의도가 반영되게 사건을 그려야 한다. 이에 반해 희곡이나 시나리오에선 작가가 판단을 하거나 주장을 하지 않는다. 아무리 옛일이라도 지금 당장 눈앞에서 벌어지는 일처럼 그린다. 서사성보다는 묘사성을 높이기 위해서다. 연극 관객이나 영화 관객들은 눈앞에 펼쳐지는 사건을 통해 이야기를 이해한다. 느낌이나 판단은 사건을 보고 난 관객의 몫이다. 물론 작가의 의중이 실리게 사건을 그릴 수는 있다. 그러나 소설에서처럼 노골적으로 작가가 주장하지는 않는다. 오로지 등장인물의 말을 통해서만 관객들은 저간의 사정을 알 수 있을 뿐이다.

놀이로 배우는 세상

공자의 『논어』에 이런 말이 있다. "지지자 불여호지자, 호지자 불여락지자知之者 不如好之者 好之者 不如樂之者". 즉 "아는 사람은 그걸 좋아하는 사람만 못하고, 좋아하는 사람은 즐기는 사람만 못하다"라는 말이다. 여기선 학문, 즉 배움을 두고 한 말이겠지만 나는 학문 아닌 다른 것에도 두루 적용되는 말이라고 생각한다. 『논어』가 비록 당대와 당대 이후까지 중국과 조선 땅의 기득권 유지를 위한 '교재'로 사용되긴 했으나 이 말은 여러 가지를 생각하게 해 준다.

어떤 일을 마지못해 억지로 하는 이는 일을 어떻게든 마무리하겠지만 일을 할 때에는 죽을 맛이거나 시큰둥한 자세였을 것이다. 그러나 즐겁게 일을 한 사람은 일을 잘 마무리하는 것은 물론 일을 하는 동안에도 즐거웠을 것이다.

청소년은 즐거운 놀이를 원한다. 공부도 즐겁게 놀이처럼 할 수 있으면 얼마나 좋을까. 이런 말을 하면 어른들은 "인생은 말이야, 어려운 일도 있게 마련이야. 세상 일이 절대로 즐겁기만 한 것은 아니라고. 그러니까 청소년 때에 대비를 잘 해 두어야 해." 하면서 이런저런 생각 하지 말고 청소년 때엔 오로지 공부만 하면 된다고 윽박지른다.

하지만 과연 그럴까? 공부만 하면 만사형통일까? 더구나 그 공부란 것은 오로지 대학을 가기 위한 시험공부를 말한다. 그러니 '너 죽고 나 살자'는 공부다. 이렇게 말하면 어른들은 또 "어차피 인생은 경쟁이다"라며 핏대를 세운다. 한술 더 떠 "공부해서 남 주냐?"는 핀잔을 준다. 진정한 공부는 '공부해서 남을 주는 것'이다. 그러나 지금 우리 사회는 그럴 수가 없다. 어떻게든 남을 딛고 살아야 하는, 이른바 적자생존 사회다. 서로 같이 살 수 있는 상생 사회가 아니다.

사실 어른도 노는 게 즐겁다. 오죽하면 "노세 노세 젊어서 노세" 하는 노래가 있을까? 내 살아 보니 절묘하게 맞는 말이다. 노는 것은 한 살이라도 젊을 때 놀아야 한다. 힘이 있을 때 잘 놀아야 잘 성장한다. 그런데 대부분의 어른들은 놀지 못하게 한다. 어른들 자신부터 노는 일에 인색하다.

아이들은 놀이를 통하여 세상을 배운다. 소꿉장난을 떠올려 보라. 소꿉놀이 때 아이들은 역할을 분담하여 가상현실 속에서 논다. 그렇게 놀이를 통해 간접적으로 어른의 세계를 배운다.

칠레의 시인 파블로 네루다는 자서전에서 "나는 집에다 크고 작은 장난감을 많이 모아 놓고 있다. 모두 내가 소중히 여기는 장난감이다. 놀지 않는 아이는 아이가 아니다. 그러나 놀지 않는 어른은 자신 속에 살고 있는 아이를 영원히 잃어버리며, 끝내는 그 아이를 무척이나 그리워하게 된다. 나는 집도 장난감처럼 지어 놓고, 그 안에서 아침부터 저녁까지 논다"고 했다.(『파블로 네루다 자서전』, 민음사, 2008) 놀지 않는 아이는 아이가 아니란다. 놀지 않는 어른은 자신 속에 있는 아이를 잃고 산단다. 노는 건 아이에게나 어른에게나 중요하다. 그래서 아인슈타인은 이런 말을 했을 것이다. "물리학자는 피터팬이어야 한다. 더 이상 자라선 안 된다"라고. 시인이고 물리학자고 다 '아이'를 강조한다. 이는 아이들이 가지고 있는 호기심과 상상력을 높이 사기 때문일 것이다.

놀이는 강제성을 띠지 않는다. 놀이엔 기본적으로 어떤 이해관계가 끼어들 여지가 없기 때문이다. 아이들에게 놀이는 그냥 자연스레 노는 일이다. 그런데 어른들은 그냥 노는 꼴을 보지 못한다. 그래서 놀 때에도 훈수를 하려 든다. 그러면 아이들은 잘 놀다가도 시큰둥해진다. 훈수는 곧 '꼰대질'이다. 어른들은 놀이도 생산적으로 하여 나중에 직업과 연결되었으면 하는 바람을 갖고 있다.

제4회 사계절문학상 수상작인 신여랑의 『몽구스 크루』는 비보잉이라는, 청소년들이 주로 추는 브레이크 댄스를 다루었다. 청소년들은 기본적으로 음악과 춤을 좋아한다. 요즘 지하철이나 공공장소의 청소년들을 보자. 열이면 열 모두 귀에 이어폰을 꽂고 있다. 귀를 막고 자기만의 세계에 빠져 있다. 춤추는 아이들의 심리

『몽구스 크루』 이후 청소년들이 좋아하는 음악이나 춤 등을 소재로 한 소설이 많이 나왔다. 프리러닝을 소재로 한 『오드아이 프라이데이』, 탈북 청소년 승규가 음악을 통해 새로운 세상에 적응해 나가는 과정이 나오는 『우주 비행』, 청소년이 마술을 즐기며 상처를 치유해 나가는 『도미노 구라파식 이층집』 등이 그 예다.

도 마찬가지일 터.

아이들은 자기만의 세계를 구축하기 위해 춤을 춘다. 춤을 추는 그 시간은 침해받지 않는 시간이며, 춤을 추는 장소는 어쩌면 그들만의 '성소'인지도 모른다. 이제 학교는 성소가 아니다. 우리가 어렸을 때만 해도 학교는 성소였다. 일하기 싫으면 학교 간다고 하면 그만이었다. 학교 가는 아이를 붙잡으며 일을 하라고 한 부모는 일반적인 부모가 아니었다. (더러 학교 가지 말고 일을 하라고 한 부모가 있기도 했지만 그 부모도 불편해하기는 마찬가지!) 그런데 지금은 아이들도 학교를 싫어한다. 학교는 잠시 도망은커녕 한 시간도 머물기 싫은 곳이다. 그런 학교에 아이들을 붙잡아 놓는다.

『몽구스 크루』의 등장인물들이 마냥 학교를 싫어하는 건 아니다. '범생이' 오진구는 비보잉을 무척 좋아하기는 하지만 공부를 해야 '사람 구실'도 한다고 생각하는 듯하다. 오몽구는 비보잉에 미쳐 있다. 비보이가 직업이 될 수 없다는 걸 그도 알지만, 그렇기에 더욱 비보잉에 몰두한다. 몽구 역시 놀이로써 비보잉을 하는 게 아닌가 싶다.

놀이는 직업도 아니고, 그렇다고 현실감을 상실하면서까지 즐겨야 하는 것은 더더욱 아니다. 하지만 어른들은 아이들에게 요구한다. 놀이가 생산적인 일로 연결되지 않으면 굳이 할 필요가 없다고 하면서 말이다. 오로지 생산적이어야 놀이도 의미가 있다고 윽박지른다.

놀이는 현실을 배우는 한 방편일 뿐이다. 판타지가 현실의 다른 모습이듯이 말이다. 그러나 청소년문학에서는 놀이가 반드시 직업으로 이어지는 노동이어야 한다. 노동은 무조건 신성한 것이라고 여겨서 그러는 것일까? 물론 노동은 신성하다. 사람이라면 누구나 일을 해야 한다. 하지만 일을 더욱 잘 하기 위해선 놀이가 필요하다. 놀이가 반드시 생산적이어야 하는 건 아니다. 오히려 공부야말로 생산적이어야 하는 게 아닐까. 그런데 과연 그런가? 오늘날 현실에서 공부가 생산적인가? 마지못해 하는 게 생산적일 수는 없다.

문학은 생산적인 것만을 다루지 않는다. 어쩌면 그 반대인지도 모른다. 비생산적인 것이지만 오히려 생산적일 수도 있다. 사실 생산성만을 강조하는 사회이기에 문학 작품을 권하지 않는다. 문학 작품이 생산성이 없다는 이야기다. 맞다. 문학 작품 자체는 생산성이 없다. 소설이나 시가 돈과 무슨 관련이 있겠는가. 하지만 소설과 시는 돈에 대한 성찰을 하게 해 준다.

지금은 자본주의의 절정을 맞이한 신자유주의 시대다. 그러다 보니 놀이 자체도 산업이 되었다. 어른은 물론 청소년도 스스로 놀이를 할 줄 모른다. 그래서 산업이 놀이를 소비하게 만든다. 자본주의 시대를 사는 아이들은 놀이조차도 상품으로 소비해야 한다. 놀고 싶으면 놀이를 사야 하는 것이다. 놀이산업의 주도자들은 청소년을 주 고객으로 하여 그들의 놀이 욕망을 부추기며 자기들의 잇속을 챙긴다. 아이들은 몸을 놀려 직접 놀 필요가 없다. 놀이 산업가들이 이끄는 대로 구경만 하면 된다.

『몽구스 크루』 이후 청소년들이 좋아하는 음악이나 춤 등을 소재로 그들의 세계를 그린 소설이 많이 나왔다. 2014년작인 한정영의 『오드아이 프라이데이』에는 프리러닝을 통해 외로움과 상처를 극복해 나가는 루미라는 소년이 나온다. 이 책을 통해 나는 프리러닝이라는 걸 처음 알았다. 홍명진의 『우주 비행』에 나오는 탈북 청소년 승규는 음악을 통해 새로운 세상에 적응해 나간다. 박선희의 『도미노 구라파식 이층집』(사계절, 2011)의 등장인물인 몽주와 도현은 마술 놀이를 즐기며 가족 붕괴의 상처를 치유해 가는 과정이 나온다.

김혜정의 『하이킹 걸즈』의 등장인물들은 이른바 문제아들이다. 이들은 소년원에 가지 않기 위해 여행에 참여한다. 이들에게 여행은 놀이이다. 하지만 여행이 끝나면 성장해야만 하는 놀이이다. 놀이를 끝내고 나면 반드시 성장해야 하는가? 작가들, 특히 청소년 문학을 하는 작가들이 성장에 대해 너무 강박적인 태도를 견지하고 있는 건 아닐까? 내 생각엔 굳이 성장하지 않아도 된다. 반성장을 통해서도 성장의 서사를 얼마든지 보여 줄 수 있기 때문이다.

즐기는 것만으로 충분하다. 공자도 "아는 사람은 좋아하는 사람만 못하고, 좋아하는 사람은 즐기는 사람만 못하다"고 했지 않은가.

누가 사랑을 아름답다 했는가

가수 조용필의 〈창밖의 여자〉라는 노래엔 "누가 사랑을 아름답다 했는가"라며 따지듯 묻는 노랫말이 있다. 가수 남궁옥분의 오래전 노래엔 "사랑 사랑 누가 말했나, 향기로운 꽃보다 진하다"라고 말한 것이 잘못됐다는 듯 "사랑 사랑 누가 말했나, 바보들의 이야기라고" 하면서 '사랑'의 정체를 캐묻는다. 그래서 그랬는지 가수 나훈아는 남궁옥분이 사랑의 정의를 내리기 전에 "사랑은 눈물의 씨앗"이라고 단언하면서 경고(?)한 바 있다.

대중가요에서 가장 많이 언급되는 게 어쩌면 '사랑'일 것이다. 기실 사랑 때문에 대중가요가 불려진다고 할 수도 있다. 대중가요뿐이랴. 어쩌면 인간의 모든 행위의 배경엔 사랑이 있는지도 모른다. 물론 이때의 사랑은 남녀 간의 사랑을 말한다. 부모의 사랑, 성자의 사랑을 말하는 게 아니다. 그런 사랑은 무척 어렵다. 그런데 남녀 간의 사랑도 간단치 않다. 그래서 양희은은 〈사랑, 그 쓸쓸함에 대하여〉라는 노래를 아주 쓸쓸하게 불렀다.

다시 또 누군가를 만나서 사랑을 하게 될 수 있을까
그럴 수는 없을 것 같아
도무지 알 수 없는 한 가지
사람을 사랑하게 되는 일
참 쓸쓸한 일인 것 같아

사랑이 끝나고 난 뒤에는 이 세상도 끝나고
날 위해 빛나던 모든 것도 그 빛을 잃어버려
누구나 사는 동안에 한 번 잊지 못할 사랑을 만나고
잊지 못할 이별도 하지

도무지 알 수 없는 한 가지
사람을 사랑한다는 그 일
참 쓸쓸한 일인 것 같아

양희은은 사랑을 하는 동안에는 세상 모든 것이 자신을 위해 빛나는 것 같지만, 사랑이 끝나면 그 빛이 다 꺼져 버리는 것 같기만 하다고 불렀다. 그런 사랑, 날 위해 모든 것이 빛나기도 하고 빛을 잃어버리기도 하는 사랑. 사랑이란 게 뭘까? 하긴 그걸 아는 이는 없다. 사실은 사랑이 뭔지 모르기 때문에 계속 사랑 노래가 불려지는 게 아닐까? 사랑 타령이라 할 만치….

그럼 사랑은 성인들만의 전유물일까? 그렇지만은 않을 것이다. 일반 소설은 물론이고 대부분의 청소년 소설에서도 사랑은 늘 중요한 요소로 나온다. 어리다고 사랑을 모르는 게 아니기 때문이다. 청소년들의 사랑은 어린 만큼 순수하기도 하지만 위험하기도 하다. 물론 위험하다고 여기는 건 어른들의 생각이다.

나도 『봄바람』에서 훈필의 사랑을 그렸다. 얼핏 보면 훈필의 사랑은 순수하다. 그렇지만 훈필은 이미 '사랑은 움직인다'는 걸 알고 있다. 그래서 관심이 은주에게서 서울 아이로 옮겨가기도 한다. 은주나 서울 아이도 마냥 순수하기만 할까? 그 애들도 이미 요즘 아이들의 밀고 당기기, 즉 '밀당'을 알고 있는 것 같다.

필자는 『봄바람』 이후에도 청소년들의 사랑을 줄곧 그렸다. 사랑의 감정이 없는 아이들은 없을 것이므로. 하지만 성인 소설에서만큼 몸뚱이에 더 관심을 두는 사랑은 그리지 못했다. 그 시절을 보내는 아이들은 몸뚱이가 가장 왕성한 활력체이기는 하지만 청소년들은 자신의 활력을 적절히 통제하지 못한다고 여겼기 때문이다. 어쩔 수 없이 나도 '꼰대'의 자리에 서서 아이들을 바라보았다. 그런데 나 이후의 작가들은 거리낌이 없었다. 아이들의 욕망이나 어른들의 욕망이나 다 마찬가지로 '원초적 본능'임을 거침없이 표현했다.

어른들의 사랑은 안전하고 아이들의 사랑은 위험한 게 아니다.

아이들의 사랑을 위험하다고 느끼는 이들도 어른들이고, 아이들의 사랑을 순수하지 못하게 만든 이들도 사실은 어른들이다. 어쩌면 어른들의 시선과 존재가 더 위험한지도 모른다.

어른들의 그런 태도를 적나라하게 그린 작가는 신여랑이다. 그는 「화란이」 같은 단편소설을 통해서 '몸뚱이' 하나로 생존을 위해 이런저런 일을 겪어야 하는 아이를 그려냈다. 화란이의 상대는 화란이의 또래가 아니다. 짐작했겠지만 어른들이다. 그런데도 어른들 기준으로 보면 화란이는 결코 순수하지 못하다. 하지만 화란이가 그렇게 행동할 수밖에 없게 만든 건 누구일까? 어른들은 애써 눈감는다. 화란이 같은 아이는 많지 않을 것이다, 내 아이는 그런 아이가 아니다, 하면서 애써 눈을 감는 것이다.

신여랑의 『자전거 말고 바이크』는 필자와 인연이 있는 작품이다. 필자가 계간 〈청소년문학〉의 편집주간을 맡고 있을 때 청탁해서 잡지에 실은 작품이다. 그 소설 속엔 중학생 아이들의 사랑이 나온다. 그런데 신여랑은 두 아이의 사랑을 이른바 '순수'하게 그리지 않았다. 미래를 설계하면서 좋은 추억을 나누는 우정 수준의 관계를 그리지 않고 아주 세고도 독한 사건을 펼쳤다. 어쩌면 그게 더 아이들의 현실에 가까운지도 모른다. 작가는 피가 부글부글 끓는 몸뚱이를 가진 그들이 세상과 자신을 어떻게 대하는지 알고 있음을 그려냈다.

얼마 전 '사랑과 글쓰기'를 주제로 강연을 한 적이 있다. 처음엔 주제가 '사랑의 글쓰기'가 아닌가 싶어 담당자에게 다시 확인

『자전거 말고 바이크』에는 중학생 아이들의 사랑이 나온다. 그런데 신여랑은 두 아이의 사랑을 이른바 '순수'하게 그리지 않았다. 미래를 설계하면서 좋은 추억을 나누는 우정 수준의 관계를 그리지 않고 아주 세고도 독한 사건을 펼쳤다. 어쩌면 그게 더 아이들의 현실에 가까운지도 모른다.

해 보니 '사랑과 글쓰기'가 맞닫다. 그래서 그 주제에 맞춰 횡설수설해야 했다.

『파블로 네루다 자서전』에는 '사랑하고 노래하고 투쟁하다'는 부제가 붙어 있다. 그의 삶을 딱 맞게 요약한 말이다. 그는 결혼을 세 번이나 하고 숱한 여자들에게서 뮤즈를 발견한 사람이었다. 그가 조국인 칠레산 포도주와 여자를 좋아했다는 건 익히 알려진 사실이다. 그래서 그의 일생을 다룬 영화 〈일 포스티노〉에서 젊은 우체부 마리오도 베아트리체라는 아가씨와의 연애에 써먹기 위해 네루다에게 시를 가르쳐 달라고 했는지 모른다. 그런데 네루다가 거기에 그쳤다면 다만 연애시를 쓴 사람으로만 남았을 것이다. 그는 마리오가 시를 활용하여 사랑을 이루게 하고 나아가 세상을 바꾸는 데 조금이나마 힘을 더하게 한다. 시의 은유가 가지는 힘을 일게 한 것이나. 네루다의 시는 현장의 '투쟁가' 같은 역할을 했다. 볼리비아 산 속에서 게릴라로 활약하다 죽은 체 게바라의 배낭에는 수학책과 네루다의 시집 『모두의 노래』가 있었다고 한다. 네루다는 '노래'라는 말을 시집 제목으로 쓸 만큼 좋아했다. (어디까지나 내 생각이지만, 네루다의 '사랑'을 강조하면 정현종 시인의 번역판이 나오고 네루다의 '투쟁'을 강조하면 김남주 시인의 번역판이 나온다.)

얼마 전 어떤 모임에서도 강조했는데, 필자는 시가 결코 시시하지 않다고 여긴다. 체코계 미국인인 영화감독 안드레 블첵은 글 「시와 라틴아메리카 혁명」(잡지 〈녹색평론〉에 번역 게재되어 있다)에서 "어떻게 우리가 입술에 시를 담지 않고, 가슴 속에 사랑하는 사람을 품지 않고, 다만 우리가 지키고 다시 세우고자 하는 나라에 대한 전적인 헌신만으로 투쟁 속에 뛰어들 수 있었겠는가"라고 물었다. 이 말에 사랑과 시가 다 들어 있다는 게 내 생각이다.

유치환 시인과 이영도 시인 간의 수천 통의 편지를 보자. 그리고 중국의 루쉰과 그의 제자 쉬광핑 사이에 오간 편지와 인도의 간디가 미라라는 여인에게 보낸 3백여 통의 편지 등 사랑이 담긴 글은 이루 헤아릴 수 없을 만큼 많다.

하지만 일찍이 프랑스 작가 롤랑 바르트는 "사랑하는 것만큼 사랑받지 못한다"는 걸 눈치챘고, 프루스트는 "우리는 완전히 소유할 수 없는 것만을 사랑할 수 있다"고 설파했다. 이에 더해 소설가 플로베르는 "두 연인은 동시에 똑같이 서로를 사랑할 수 없다"고까지 했다. 그러고 보니 모두 사랑을 무척 자유롭게 하는 분위기의 프랑스 사람들이다. 그럼 우리 조상들은 어떤 말을 했을까? 우리 속담엔 "품마다 사랑 있다"는 말이 있다. 이러고 보면 프랑스 사람보다 대한민국 사람이 한 수 위인 것처럼 여겨진다. 네덜란드의 스피노자는 "모든 인간은 자신의 능력만큼 신을 만난다"고 했는데 이를 사랑에 적용하면 어떨까? '모든 인간은 자신의 능력만큼 사랑을 한다'로….

일반문학에서든 청소년문학에서든 사랑은 중요한 모티브 역할을 한다. 스피노자 식으로 말하면 어른이든 아이든 간에 인간은 자신의 능력만큼 사랑을 한다. 그런데도 어른들은 아이들이 사랑을 모를 거라고 지레 짐작한다. 그러기에 텔레비전이나 인터넷에선 '야동'이니 '본능'이니 하는 말을 거리낌 없이 하면서 아이들을 이런 것으로부터 보호해야 한다고 호들갑을 떤다. 참으로 위선적이고 모순적이지 아니한가?

어른들의 위선과 모순은 그 정도에 그치지 않는다. 학교의 성교육을 보면 더욱 가관이다. 아이들은 다 아는 것을 어른들은 쉬쉬하며 감추려 든다. 그러기에 구체적이고 실용적인 성교육은 이루어지지 않는다. 그저 남녀 간의 생물학적 차이나 운운하고 만다. 아이들이 되레 어른들의 위선을 눈감아 주고 학교 현장의 모순을 너그럽게 이해해 준다.

개 좋다

— 나는 본디 개를 비롯해 소나 돼지 등 짐승을 별로 좋아하지 않았다. 다른 어떤 이유보다도, 사람과 마찬가지로 그런 유정들은 결국 죽어 남은 자들을 슬프게 했기 때문이다. 그래서 지금도 고기를 잘 먹지 않는다. 그렇다고 신념에 찬 채식주의자는 아니다. 어정쩡한 연민일 뿐이다. 목숨 있는 것들의 슬픈 운명, 그게 날 슬프게 한다.

그런데 내 고향 진도는 어쩌자고 사람보다 개가 더 유명한지 모르겠다. 그러든 말든 어릴 때도 나는 개를 별로 좋아하지 않았다. 지금도 될 수 있으면 목숨 있는 것들하곤 인연을 맺지 않으려고 노력한다. 인연은 어떤 인연이든 슬픈 것이므로!

요즘 사람들은 어른 아이 할 것 없이 개를 다 좋아하는 듯하다. 아니, 좋아한다. 무엇보다도 개가 사람보다 더 살갑게 구는 경우가 많기 때문이다. 누구나 흔히 맞닥뜨리는 상황을 떠올려 보자.

요즘 사람들은 바쁘다. 하루의 대부분을 집 밖에서 보낸다. 사람들이 집에 돌아왔을 때 가장 먼저 반기는 존재는 개다. 집에서 기르는 개는 돌아온 이의 몸에 올라타거나 손을 핥으며 반갑게 맞아준다. 개의 이런 애정 공세를 싫어할 사람은 없다. 정에 굶주린 현대인. 개는 자신의 정을 나눠 주는 데 인색하지 않다. 개가 아낌없이 정을 나눠 주어서 그런지 개를 가슴에 품고 다니는 사람도 많고, 승용차에 태우고 다니는 사람도 많다.

아이들은 아예 모든 말에 '개'를 집어넣음으로써 개에 대한 무한 애정을 표현한다. 이를테면 개좋아, 개맛있어, 개재밌어, 등등. 예전엔 개가 들어가면 대부분 욕이 많았지만 지금은 강조하고 싶을 때 쓰는 말이 되었다. 개새끼, 개자식, 개판, 개망나니, 개소리 등이 욕으로 쓰였다면, 개진달래, 개살구, 개떡, 개꿈, 개고생, 개망신, 개죽음, 개싸움, 개만도 못한 인간, 개도 웃을 일 등은 변변치 못한 것을 이르는 말이었다. 그런데 지금은 '왕대포' 할 때의 '왕' 같은 접두사로 쓰인다. 이를 개의 신분 상승(?)이라 해야 할까? '개도 웃을 일'이긴 하지만 어쨌든 개 대접이 옛날과는 많이 달라진 게 사실이다.

요즘 나는 개장수를 한다고 늘 말한다. 이는 작품 속에 개 이야기를 많이 쓰고 있다는 말이다. 그동안은 줄곧 사람 얘기만 써 왔다. 어느 순간 갑자기 사람 얘기가 식상해져서 그런 것이 아니다. 솔직히 말하면 이야기 밑천이 떨어졌기 때문이다.

사람이라는 존재의 유전자는 서로 1퍼센트 정도 차이가 난단

어려서부터 한 식구로 지낸 개. 친구처럼 지낸 개. 맞아, 개를 그리자! 그렇게 해서 개를 그리게 되었다. 개가 개로만 보이지 않는 순간이었다. 본격적으로 '개장수'를 하기 시작한 것이다.

다. 즉 그 1퍼센트 차이가 이른바 개성이란다. 다른 외모, 다른 성격 등등. 작가는 사람마다 다른 개성을 그려야 하는데, 개성이란 게 겨우 1퍼센트 차이가 나기 때문에 독자에게 등장인물을 확실히 각인시키는 게 그리 쉽지 않다. 내 작품 속의 등장인물을 어떻게 하면 개성적인 인물로 할 수 있을까 고심했다. 그러던 차에 개가 마음속에 들어왔다.

어려서부터 한 식구로 지낸 개. 친구처럼 지낸 개. 맞아, 개를 그리자! 그렇게 해서 개를 그리게 되었다. 개가 개로만 보이지 않는 순간이었다. 드디어 본격적으로 '개장수'를 하기 시작한 것이다.

개에 대해 본격적으로 길게 쓴 첫 작품은 동화 『개밥상과 시인 아저씨』(백철 그림, 큰나, 2004)이다. 암에 걸려 혼자 고군분투하는 아저씨의 이야기이다. 이 어지씨 곁에는 다른 식구 없이 개만 있다. 개가 아저씨의 유일한 식구이다. 아저씨가 죽자 개는 아저씨의 죽음을 쉽게 받아들이지 못한다. 그래서 아저씨의 옷가지 등 태우려고 내놓은 유품을 다시 아저씨 방으로 물어다 놓는다. 사람들은 그런 개에게 상복을 입힘으로써 '개 상주'로 그의 존재를 인정한다. 개가 단순한 개로 보이지 않는 순간이다. 이 동화는 어린이부터 어른까지 독자층을 넓게 잡았다. 가족과 마찬가지로 정이 듬뿍 든 개를 그림으로써 사람보다 나은 개를 여러 나이층에 알리고 싶었기 때문이다.

이에 비해 『개조심』(주성희 그림, 창비, 2012)은 어린 아이들을 주 독자로 상정했다. 주로 진돗개의 특성과 버릇을 담았다. 우리 세대가 가고 나면 그런 진돗개 이야기를 쓸 사람이 없을 테니까…. 노래를 부르며 친구 노릇을 하던 개 이야기는 『애국가를 부르는 진돗개』(최재은 그림, 보림, 2002)에 그렸다. 『개조심』이나 『애국가를 부르는 진돗개』는 모두 독자 대상이 어린이이다. 본격적으로 청소년 독자를 대상으로 한 개 이야기는 소설 『개님전』(시공사, 2012)에 담았다. 『개님전』은 졸시 「개 안부」에서 비롯되었다.

아들놈이랑 서울에서 내 고향 진도까지 눈보라 뚫고 걸어가는 길이었다. 가다가 팍팍한 다리도 쉬고 주린 배도 채울 겸 길가 기사 식당에 들어서자 운전기사들 밥 먹다 말고 우리 부자 행색 보고 한마디씩 거들었다.

이 눈 속에 어디까지 가시는 길이유?
진도까지 갑니다.
아, 거시기 진도개 유명한 디 말이유?
예.
지금도 거기 진도개 많슈?
예.

왜 사람들은 진도에 사람도 산다는 생각은 않고 개 안부만 묻는 걸까? 개만도 못한 사람이 넘쳐 나서 사람 안부는 물을 것도 없는 걸까? 그럼 개만도 못한 사람들은 모두 쥐일까? 아님 고양이일까? 이러다가 사람만도 못한 개가 넘쳐 나면 어쩌려고 그러나. 쓸데없는 걱정 하다 말고, 아차, 며칠째 우릴 기다리는 어머니는 점심 식사나 하셨을까, 밥 먹다 말고 고향집에 전화를 넣는다.

어무니, 시방 충청도 지나고 있는디, 별일 없어유?
내사 뭔 일 있겄냐만 노랑이가 속 쎄긴다.
왜 또 넘의 집 개랑 싸우고 다리 한 짝 부러져서 들어왔소?
아니, 고것이 새끼 낳더니만 입맛이 영 없는갑서. 뭣이든 주는 대로 잘 먹던 입인디 요 며칠 새 된장국도 안 먹고 미역국도 안 먹고 강아지들 젖도 안 멕일라고 그랴. 아무래도 지가 잡어 놓은 노루 뼈라도 고아서 멕여야 쓸란갑다.

늙은 어머니, 이녁 안부는 뒷전이고 개 안부만 길게 전한다.
아, 나도 못 먹어 본 노루 뼛국!

—「개 안부」 전문

『개님전』은 이른바 '개놈'이 아니라 '개님'의 이야기를 담았다. 개님은 사람보다 나은 진돗개를 뜻한다. 사람의 길과 개의 길이 별로 다르지 않다는 생각에 밥값을 제대로 하고 사는 진돗개 황구 가족 이야기를 그렸다.

필자의 고향 진도는 개뿐만 아니라 〈진도아리랑〉이나 〈남도 들노래〉, 〈육자배기〉, 〈강강수월래〉 등 소리가 발달된 곳이다. 어려서부터 귀에 딱지가 앉을 정도로 소리를 많이 듣고 자랐다. 소리의 애절하고 해학적인 노랫말과 가락은 잊을 수 없었다. 그래서 판소리의 아니리조 사설체를 빌려 『개님전』을 그렸다. 그럴 수 있었던 것은 어려서부터 늘 듣던 것이기도 하지만, 대학에서 희곡과목을 10여 년 맡아 가르칠 때 판소리를 바탕으로 한 창극에 관심이 많았기 때문이기도 하다.

청소년 소설에서 개는 그다지 좋은 말로 불리지 않는다. 대표적으론 이옥수의 『개 같은 날은 없다』가 있다. 작가가 '개 같은 날은 없다'고 단정적으로 선언한 까닭은 개를 좋지 않은 말로 썼다는 얘기이다. 즉, 개만도 못한 사람의 이야기라는 것이다. 작품 속에서 개만도 못한 사람은 아버지와 형이다. 주인공은 그런 아버지와 형의 폭력에 시달린다. 작품의 제목은 '개 같은 날은 없다'이지만 그런 날을 견디게 하고 상처 받은 영혼들을 치유하는 과정은 개와 교감을 하면서 이루어진다. 개가 개 이상의 대접을 받는 묘한 상황인 것이다. 하여간 개 같은 삶은 힘든 삶이다. 독자는 개 같은 날이 지속되지 않기를 바란다. 작가는 그런 독자의 바람에 부응하였다. 독자인 나도 안심이 되었다.

세월이 하 수상하니 청소년의 삶도 하 수상

엘리어트는 그의 시 「황무지」에서 "4월은 잔인한 달"이라고 했다. 엘리어트가 잔인하다고 느낀 4월. 우리도 잔인하다고 느끼는 4월. 그런데 엘리어트가 느끼는 '잔인함'과는 다르다. 시인이 잔인함의 예로 든 것이 우리에겐 별 거 아니다.

하여간 4월은 잔인하기도 하고, 나아가 하 수상하기도 하다. 2014년 4월 16일, 세월호가 진도 앞바다에 가라앉았다. 세월호가 수장된 뒤 오랜 시간이 흘렀지만 그 이유를 아무도 설명하지 못하고 있다. 그래서 우여곡절 끝에 국회에서 세월호특별법을 만들고, 유족들을 비롯 모두들 아쉬운 대로 그 특별법에 의해 만들어지는 '특위'에 실낱같은 기대를 걸었다. 그런데 정부가 만든 특별법의 시행령을 보니 입이 딱 벌어진다. 이건 세월호 특위를 무력화시키기 위한 시행령이다. 세월이 하 수상하다!

정치꾼들은 천안함은 자꾸 되새기면서 세월호는 지겹다고 한다. 나중에 수장된 세월호는 벌써 잊으라 하면서 먼저 침몰된 천안함은 왜 자꾸만 되새기지? 세월이 하 수상하다!

세월호가 고향 진도 앞바다에 가라앉은 뒤 나는 다른 작품은 못 쓰고, 무슨 청탁이 오든 소설이나 동화는 오로지 세월호 이야기만 썼다. 내 살아 있는 동안은 떠나보낼 수 없는 아이들…. 젊은 시절 겪은 '5·18 광주'와 더불어….

세월호 수장 사건이 있은 뒤 진도 현지의 굿꾼들이 굿을 했다. 그래서 〈남도 홍타령〉 운에 맞춰 가사를 써 봤다. 〈남도 홍타령〉은 무지 슬픈 노래다. 슬픈 노래를 뜬금없이 '홍타령'이라고 하는 건 후렴구에 단지 '홍~'이 들어 있기 때문이다.

지척에 아이를 두고 보지 못하는 이내 심정
보고파라 우리 아이 안 보이네 볼 수 없네
자느냐 누워 있느냐 애가 타게 불러 봐도
대답 없는 우리 아이 간 곳을 못 찾겄네
아이고 대고 어허 홍~ 성화가 났네 헤~

파도야 너는 아느냐 갈매기야 너는 아느냐
우리 애기가 으짜고 있는지 니들은 알 것인디
답답하고 답답헌일 니들은 알아도 말을 못허제
우리 애기들한티 가거들랑 보고잡다고 전해주렴

아이고 대고 어허 홍~ 성화가 났네 헤~

험한 시상에 음~ 우리 애기를 내일 때
자식 길 부모 길 따로따로 정해졌지만
부모가 물속의 자식 건지는 일까지 할 줄이야
아이고 대고 어허 홍~ 성화가 났네 헤~

만경창파에 배 띄우고서 제주땅 가잤더니
어이해 물속에서 잔다냐 어서 일어나거나
갈매기야 훨훨 우리 애기 있는 디로 날아가서
엄매 아배 왔다고 기별 쪼깐 해주고 온나
아이고 대고 어허 홍~ 성화가 났네 헤~

꿈이로다 꿈이로다 요것 다 꿈이로다
너도 꿈속 나도 꿈속 죄다 꿈속이로다
꿈에 나서 꿈에 살고 꿈에 죽어가는 인생
아이고 대고 어허 홍~ 성화가 났네 헤~

아이고 대고 어허 홍~ 성화가 났네 헤~
아이고 대고 어허 홍~ 성화가 났네 헤~

다음은 넋건지기굿(용굿, 혼건지기굿으로 부르기도 한다)을 했다.

굿의 구체적인 묘사는 내 단편소설 「넋이로세 넋이로세」에 썼다.

죽은 아이 가운데 한 명이 평소에 쓰던 밥그릇을 단골무당이 베를 둘둘 말아 두 팔 안에 그러안더니 시퍼런 바다 멀리 던졌다. 단골무당이 몸을 부르르 떨면서 노래를 불렀다.

넋이야~
이 넋이 뉘 넋이런고
불쌍하고 불쌍하구나 우리 애기들
고개 외로 꼬아 모른 체 허들 말고
어서어서 넋 밥그릇 보듬거라

담기소서~
담기소서 담기소서
넋이여! 후딱 담기소서

넋이야~
담겼구나 담겼구나
이 넋이 뉘 넋이런고
불쌍하고 불쌍한 오늘 망자
우리 애기들 넋이로구나

소설 속에서나마 아이들의 넋을 건지고 싶은 마음이 굴뚝 같아서 나는 소설에 넋건지기굿을 구체적으로 묘사했다. 세월호는 직접 겪은 참사는 아니지만 젊은 시절 직접 겪은 광주 5·18 못지않다. 내가 그 아이들 또래의 얘기를 주로 쓰는, 명색이 청소년문학가이고, 고향 앞바다에 수장되어서 더욱 마음이 쓰인다. 5·18 때엔 내가 청소년이나 마찬가지였다. 그래서 늘 되새기게 된다. 그 나이 때엔 아무리 작은 생채기 같은 것일지라도 평생 간다. 그런데 '광주'와 '세월호'는 작은 생채기 정도가 아니다.

어쩌자고 5월은 해마다 돌아오는지…. 하긴 4월도 다시 돌아왔다가 지나갔다. 어느 글에서 나는 1년 열두 달이 모두 5월인 사람들이 많다고 했는데, 이젠 1년 열두 달이 모두 4월인 사람들까지 생겼다. 이 땅에서는 하도 억울한 죽음이 많아 일일이 거론하는 게 '거시기'할 정도다. 공화당 독재 정권, 자유당 독재 정권, 일본의 식민지 시대 때 무참하게 죽은 사람들…. 그런 시대를 살아낸 사람들의 가슴도 말이 아닐 것이다.

5·18은 직접 겪은 일이라 참으로 '거시기'하다. 그래서 5·18을 폭력 사태라 칭하는 자들에겐 대한민국 국군의 폭력 사태였다는 말을 돌려주고 싶고, 북한군의 사주가 있었다고 하는 자들에겐 정부의 사주를 받아 그런 말을 하는지 묻고 싶고, 〈임을 위한 행진곡〉을 부르지 못하게 하는 이들에겐 자신들은 만가 부를 자리에서 축가를 부르는지 묻고 싶다. 나는 내가 겪고 본 광주를 바탕으로 그림책 『아빠의 봄날』(이담 그림, 휴먼 어린이, 2011), 동화 『자전

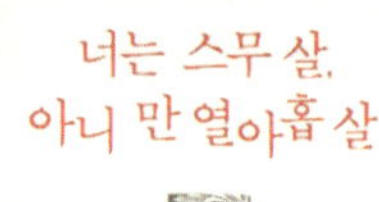

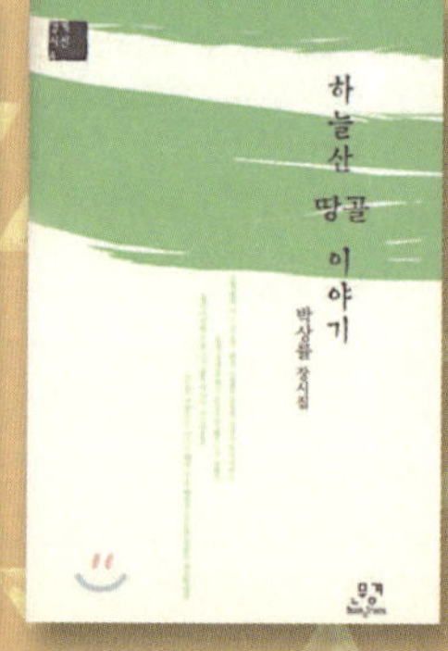

5·18에 대해선 무슨 말을 해도 나는 '울렁증'을 감추지 못한다. 그냥 '거시기'하다. 내가 겪고 본 광주를 바탕으로 그림책 『아빠의 봄날』, 동화 『자전거』, 소설 『너는 스무 살, 아니 만 열아홉 살』, 『나를 위한 연구』, 시집 『하늘산 땅골 이야기』를 냈다.

거』(이욱재 그림, 북멘토, 2013), 소설 『너는 스무 살, 아니 만 열아홉 살』(사계절, 2006), 『나를 위한 연구』(사계절, 2006), 시집 『하늘산 땅골 이야기』(문경, 2005)를 냈다.

5·18에 대해선 무슨 말을 해도 나는 '울렁증'을 감추지 못한다. 그냥 '거시기'하다. 거시기는 전라도 지역에서 할 말이 잘 떠오르지 않거나 기가 막힐 때 쓰는 말. 지금은 국어사전에 대명사니 감탄사니 하며 올라 있다. 하여간 '거시기'라고밖에 할 말이 없다. 그래서 시도 '거시기'만 가지고 썼다.

오래된 말

-1980년 봄날, 광주

거시기가 거시기헌께 쪼깐 거시기헌디
거시기혀도 거시기 땜시 거시기 헌담서
근디 거시기는 귀신도 모른다헌께
거시기허더라도 거시기맨치로 거시기혀부러라잉

이제 거시기한 게 5·18만이 아니다. 세월호 소리만 들어도 거시기하다. 새로 울렁증이 이는 '거시기'가 하나 더 생겼다.

애들은 가라?
애들도 다 안다!

— 예전에 시골 장터나 도회의 빈터에서 늘 볼 수 있던 풍경 하나가 떠오른다. 이른바 약장수가 전을 펼쳐 놓고 약을 팔기 위해 갖가지 볼거리를 묘기 대행진하듯 보여 주던 모습이다. 그때 약장수는 곧잘 "애들은 가라"는 말을 내뱉으며 손사래를 쳤다.

약장수 처지에서 보면 구매력이 없어 약을 사지도 않을 녀석들이 진을 치고 있으면 귀찮기만 하고 맥이 풀릴 터. 또 실제로 애들이 듣기에 민망한 '19금 사설'을 잔뜩 늘어놓을 생각이어서 애초에 '미성년자 관람 불가' 딱지를 붙이고자 한 것이리라.

그런데 아이들의 마음이란 게 묘해서 가라면 더 가기 싫다. 하지 말라면 더 하고 싶고, 하라고 하면 하기 싫다. 이는 어른들도 마찬가지. 애들은 약장수의 서슬에 눌려 그 자리에서 할 수 없이 물러나기는 하지만 돌아가면서도 힐끔힐끔 쳐다본다. 자신이 없는 자리에서 무슨 말을 하려고 저러는가 싶어서….

그때 약장수들은 대개 뱀 장수 흉내를 냈다. “이 배암으로 말할 것 같으면 저 멀리 지리산에서 밤이슬만 먹고 어쩌고저쩌고” 하면서 듣기에 ‘쬐끔은’ 민망한 소리로 구경꾼들의 관심을 끈 뒤 본론을 꺼낸다. 약장수의 본론은 두말 할 것 없이 약을 파는 것. “이 약으로 말할 것 같으면, 한 달만 먹어도 요강에다 오줌을 못 눕니다. 요강이 깨져요, 요강이 깨져!”

약장수가 그렇게 너스레를 떠는 동안 약장수와 한 패거리로 따라온 이들은 구경꾼들 코앞에 약 상자를 들이민다. 그러면 어른들이 한두 사람 약을 사기 시작한다. 더러는 바람잡이 패거리가 먼저 지갑을 연 뒤 약이 좋다고 떠든다. 그 말에 여기저기서 약의 효능에 대해 고개를 끄덕이며 주머니를 뒤지는 구경꾼들이 늘어난다. 사실 약장수의 말을 듣고서 약을 안 사기란 어렵다. 그만큼 약장수는 그럴싸하게 말을 잘했다. 지금 생각해 보면 ‘사기’를 잘 친 것이지만 그때는 약장수의 말에 넘어가지 않는 어른들이 없었다. 약장수가 파는 약은 만병통치약으로 어떤 병에도 듣지 않는 경우가 없었으니, 몸에 한두 가지씩 병을 가지고 있는 어른들로선 모른 체하기가 힘들었을 것이다.

패거리들이 약을 파는 사이 약장수는 그때까지 사라지지 않은 아이들이 있으면 내놓고 눈을 부라린다. 그러면 아이들은 “앗, 뜨거라!” 하면서 달아난다.

청소년문학을 시작할 때부터 이 광경을 떠올렸다. 어쩌면 이 모습 때문에 청소년문학을 시작했는지도 모른다. 어른들은 짐짓 애들은 모를 거라며 외면하지만 기실은 애들도 다 알고 있다! 아이들은 이미 뱀의 효능에 대해 알 만큼 알고 있었다. 두 되짜리 소주병에 들어앉아 있는 뱀. 뱀술이 되기 위해 뱀은 곧잘 어른들에 의해 됫병 속으로 들어가야 했다. 어른들은 은밀히 뱀술은 정력제라며 "애들은 가라" 했다. 하지만 애들은 어른들이 뱀술을 담그는 이유를 이미 알고 있었다. 그래서 약장수가 왜 뱀 타령부터 하는지를 안다. 약장수가 약 선전을 하면서 그 약을 먹고 오줌을 누면 요강이 깨진다고 한 말의 뜻도 안다. 그러나 아는 체를 하지는 않는다. 아이들은 순진해야 하니까, 되바라지면 안 되니까! 어른들이 아이들에게 원하는 게 뭔지도 다 알고 있는 아이들.

조선 시대를 배경으로 하는 『춘향전』. 이팔청춘의 춘향과 몽룡이 주인공이다. 춘흥 내지는 춘정을 못 이겨 공부방을 뛰쳐나가는 몽룡. 마침 단옷날 그네를 타는 춘향. 그들의 나이는 열여섯이다. 그 나이 대는 예나 지금이나 공부만 하고 있기엔 너무 뜨겁다. 그런데 지금의 열여섯 살짜리들은 고등학교 교실 안에 있어야 한다. 이팔청춘이라고 함부로 말하면 안 된다. 그저 공부하는 기계로만 살아야 한다. 목석처럼 감정도 드러내면 안 된다. 한마디로 사람이라는 족속이 속한 동물이어서는 안 된다. 극단적으로 얘기하자면, 유정물이면 안 되고 무정물이어야 하는 것이다.

어쩌면 조선 시대보다 지금 시대가 더하다. 열여섯 살짜리들에게 더 가혹하다. 조선 시대의 열여섯은 연애를 하고 결혼도 하였다.

춘향과 몽룡의 '망칙'한 말놀이를 보라. 그때의 아이들은 그래도 되고 지금 아이들은 그러면 안 된다? 그것을 가르는 기준은 무엇일까?

청소년문학은 아이들만의 문제는 없다는 데서부터 출발해야 한다는 게 필자의 생각이다. 집안의 가세가 기울면 어른들만의 문제일까? 집안이 망하면 아버지는 노숙을 한다. 어머니는 집을 나간다. 아이들은 친척 집에 맡겨진다. 그러나 친척들은 잘 안 맡으려 한다. 그러면 만만한 게 시골 할아버지 댁이다. 이러한 행로가 거의 공식처럼 되어 있는 게 작금의 세상이다.

필자가 『밥이 끓는 시간』을 쓸 무렵이 생각난다. 그 소설에서 주인공 순지는 사춘기 소녀다. 거기서도 집안이 망하니 아빠는 집을 나가고, 엄마는 죽고, 새엄마는 갓난이만 낳아 놓고 집을 나간다. 그때 시골의 할머니가 나타나 그나마 여러 가지 문제를 헤쳐 나가게 도와준다. 그러나 할머니마저 금방 세상을 떠난다. 순지는 어린 동생들을 데리고 할머니 댁에서 새로 시작한다. 이때 순지의 시작을 도와주는 건 이웃이다. 그때만 해도 시골의 공동체적 삶이랄 수 있는 이웃이 아직 작동을 할 때이다. 외삼촌이라는 이는 어린 조카에게 '사기'까지 쳤지만 이웃이 있어 순지 형제들은 그나마 살아갈 방도를 찾는다.

이 대목에서 떠오르는 장면 하나. 『밥이 끓는 시간』을 쓴 작가의 상판대기를 한번 보아야겠다며 벼르던 독자가 있었다. 어린 순지가 하도 고생을 많이 하기에 작가가 얼마나 독하면 이런 글을 쓸 수 있을까 했다던 교사가 있었다.

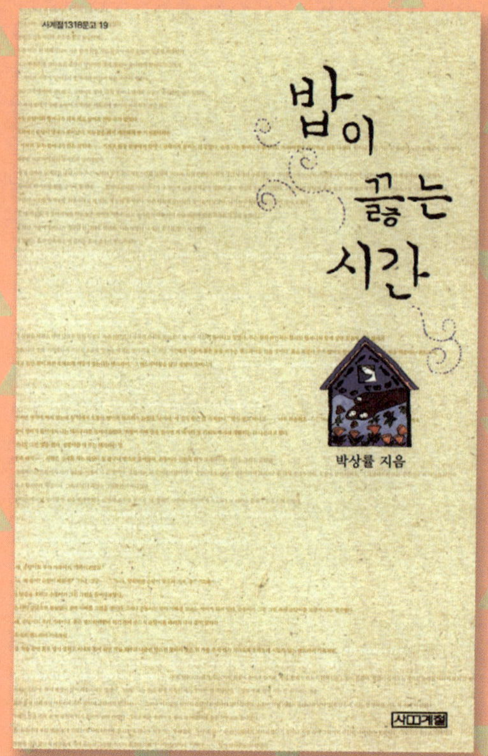

『밥이 끓는 시간』은 순지가 들려 준 이야기를 작가인 내가 받아 적었을 뿐이다. 자려고 누워 있는데 순지가 "아저씨 잘 거예요?" 하면 나는 "눈 좀 붙여야 내일 또 활동을 하지"라고 대답을 했다. 그러면 순지는 "아직 더 할 이야기가 있는데…"라고 했다. 나는 얼른 일어나 불을 켜고 책상 앞으로 가서 앉았다.

마침 그 교사의 학교에 강연을 하러 갔다. 나를 본 그 교사 왈 "독하게 생기지는 않았는데, 소설은 왜 그렇게 썼죠?"라며 자신의 속내를 털어놨다. 나는 내 잘못이 아니라고 했다. 작가인 내가 상상조차 못한 이야기를 등장인물들이 들려 주어서 나는 받아 적기만 했다고 했다. 믿거나 말거나지만 『밥이 끓는 시간』은 순지가 들려 준 이야기를 작가인 내가 받아 적었을 뿐이다. 자려고 누워 있는데 순지가 "아저씨 잘 거예요?" 하면 나는 "눈 좀 붙여야 내일 또 활동을 하지"라고 대답을 했다. 그러면 순지는 "아직 더 할 이야기가 있는데…"라고 했다. 그러면 나는 얼른 일어나 불을 켜고 책상 앞으로 가서 앉았다. 그때 순지가 한 얘기는 외삼촌이 나타나 사기를 친 이야기였다. 마치 "문둥이 콧구멍에서 마늘을 빼 먹는" 형국이었다. 나도 이야기를 받아 적으면서 분개하고 몸서리를 쳤다. 인간이 얼마나 사악해질 수 있는지를 느끼면서 말이다.

어른들이 조금만 손 잡아 주면 아이들은 자신의 역량만큼 자란다. 그러나 어른들은 곤란에 빠진 아이들의 손을 잡아 주기는커녕 아이들의 곤궁한 처지를 이용하여 자신의 이익을 취할 생각을 먼저 한다.

흔히, 아이 하나를 제대로 성장시키기 위해선 한 마을이 필요하다는 얘기를 많이 한다. 그런데 마을이 붕괴되고 있다. 마을을 이루는 가정도 무너지고 있다. 아, 아이들을 어쩌란 말인가? 탄식이 나온다. 그러나 아무것도 안 할 수는 없다. 내가 할 수 있는 건 그나마 글로 아이들의 '현실'을 적는 일. 소설을 쓰면서 느끼는 바는 '소설보다 현실이 더 소설적'이라는 것.

예전엔 부모가 갈라설 경우 서로 아이들을 맡겠다고 했다. 그런데 지금은 서로 아이들을 안 맡겠다며 떠넘긴다. 아이들도 다 안다. 자신들이 천덕꾸러기가 되어 있다는 것을, 아버지와 어머니가 무슨 문제 때문에 갈라서는지를. 하지만 아이들은 아무런 능력이 없기에 중재도 할 수 없고, 부모의 결정에 따를 수밖에 없다. 어른들은 곧잘 "너희들도 크면 내 심정을 알게 될 것이다"라고 한다. 클 때까지 기다릴 것 뭐 있나. 아이들은 지금도 다 안다. 그러나 뭐라고 한마디 했다간 "어린 것들이 뭘 알아!" 이런 소리나 듣기 십상이다. 그래서 입을 다문다. '나는 아버지처럼 안 살아! 나는 어머니처럼 안 살아!' 하면서 말이다. 욕하면서 배운다고, 또 괴물과 싸우다 보면 어느새 괴물을 닮아 있다고 하는 말은 맞다. 아이들은 훗날 어느새 자신이 아버지나 어머니의 모습을 닮아 있다는 사실을 알고선 경악을 한다.

이러니 아이들만의 문제가 있는가? 아이들만의 문제를 다뤘다고 하는 청소년 소설을 보면 기껏 이성 관계나 급우 관계, 나아가 학교생활의 어려움 정도이다. 하지만 어른들의 모든 문제는 곧 아이들의 문제이기도 하다. 물론 아이들의 문제가 어른의 문제이기도 하고.

강연장에서 생긴 일

— 1959년 영화 〈피서지에서 생긴 일〉은 내가 세상에 나오고 나서 얼마 뒤 제작되었다. 이 영화는 내 나이와 거의 비슷하지만, 영화의 이름은 아직까지도 생명력을 잃지 않고 있다. 이름뿐만 아니라 음악도 지금까지 살아 있다. 언젠가 영화 포스터를 보았는데, "무지개빛 靑春讚歌(청춘찬가)"라고 적혀 있었다. 그도 그럴 것이 이 영화는 젊은이의 사랑과 슬픔을 그린 청춘 영화였으니. 나는 영화를 떠올리면 영화의 이야기보다 제목이 먼저 떠오른다. 피서지에서 생긴 일이라니…. 호기심을 자아낼 만하다. 그 이름을 본떠 '강연장에서 생긴 일'을 그려 본다.

1년에 강연, 강의, 북콘서트, 작가와의 대화 등을 통해 대중들을 250~300여 차례 만난다. 그러다 보니 별의별 일이 다 있다. 만나는 사람도 각양각색이다. 중고등학생, 대학생, 교사, 공무원,

학부모, 주부, 은퇴자 등등. "소 갈 데 말 갈 데" 가리지 않고 잘 가는 편이고, 명색이 동화작가이기도 하지만, 정작 초등학생은 잘 만나지 않는다. 지금까지 초등학생은 세 번 만났다. 초등학교 교원이었던 아버지 때문에 초등학교 관사에서 태어났지만, 내게 초등학생은 '생래적으로' 어렵다. 그들을 어떻게 대해야 할지 잘 모르겠다. 그래서 초등학교에는 안 간다. 그런데도 세 번'씩'이나 갔다. 한 번은 경상도 남부 지역의 어떤 도서관. 강연 섭외자는 분명히 청소년이라고 했다. 그래서 일정을 살펴보고 맞으니 간다고 했다. 청소년이면 중고생이라고 생각해서였다. 강연날이 되어 도서관 강당에 들어서니, 세상에! 초등학생들이 조르라니 앉아 있지 않은가! 그때 어떻게 90분을 견뎠는지 모른다.

다음은 충청도의 한 초등학교. 그 학교는 분교였다가 교사들의 노력으로 본교가 된 학교다. 그 학교에 내 강의를 들은 교사가 한 명 있었다. 그는 그림책 연구가이자 시인으로, 진즉부터 알고 있던 사이였다. 정작 그는 다른 학교로 옮겨 갔는데 그가 강사로 나를 추천한 것이다. 강의 내용도 내가 쓴 그림책 『아빠의 봄날』을 가지고 해 달라고 했다. 그 책으로 '빛그림' 수업을 했다는 것이다. 그 책은 광주 5·18 때 세상을 뜬 아빠의 영정사진을 들고 있는 아이의 눈망울에서 실마리를 잡아 쓴 작품이다. 아는 선생님이 중간에 끼기도 했고, 내 젊은 날의 한 시절이 담겨 있기도 한 광주 5·18. 그래서 가겠다고 했다. 요즘 아이들이 부모 세대 때의 일을 어떻게 이해하고 있을까 호기심이 일기도 했다. 다행히 그때는 시간이 길지 않았고, 아이들의 '순정한' 질문 덕에 내가 되레 치유를 받았다.

이어 그 학교의 본교였던 학교에서 연락이 왔다. 거기선 이른바 '개장수'를 했다. 내 고향 진도의 진돗개를 그린 책이 몇 권 있는데, 아이들이 개에 대한 질문을 많이 해서 내가 어린 시절에 겪은 대로 '개 친구' 얘기를 했다. 다행이었다. 개 이야기는 무궁무진했으니까. 게다가 아이들은 개와 사람을 구분하지 않고 궁금해했으니까.

박 아무개 그러면 청소년문학가로 알려져서 그런지, 아무래도 나는 중고등학교를 많이 간다. 요즘 중고생은 거침이 없다. 무슨 말이든 가리지 않고 한다. 무척 부러우면서도, 한편으론 적응이 안 되어 민망할 때가 많다. 나를 가장 당혹하게 하는 말은 "작가는 면접하고 뽑느냐"는 질문이다. 아이들이 하고 싶은 말은 외모가 그럴싸해야 작가도 되지 않느냐는 것이리라. 그러면서 어느 책이든 작가 사진이 배우처럼 잘 나왔어도 그걸 볼 때는 이른바 '뽀샵' 했을 거라 짐작하고 말았는데, 오늘 보니 자신의 짐작이 틀린 것 같다고 말했다. 그럴 때 나는 책 사진은 아무래도 연출이 좀 되어 있다며 실물과 사진이 잘 연결되지 않는 작가가 많다는 해명 아닌 해명을 한다.

그럼 내 경우는? 나를 두고 하는 말엔 어렸을 때부터 들었던 별명을 나열하며 손사래를 친다. 내 어렸을 적 별명 가운데 나를 아주 적절하게 표현해서 대꾸하지 못하게 했던 것 가운데 대표적

요즘 중고생은 거침이 없다. 무슨 말이든 가리지 않고 한다.
무척 부러우면서도, 한편으론 적응이 안 되어 민망할 때가 많다.
나를 가장 당혹하게 하는 말은 "작가는 면접하고 뽑느냐"는 질문이다.
아이들이 하고 싶은 말은 외모가 그럴싸해야
작가도 되지 않느냐는 것이리라.

인 건 'KBS'이다. 이는 '갈비씨'를 음차해서 점잖게 불러 준 중학교 동기들의 배려(?)였다.

나는 타고나기를 입이 짧아 뭘 잘 먹지를 않는다. 그렇다고 음식을 가려 먹는 사람도 아니다. 하여간 어려서부터 먹는 게 부실해서 살이 안 쪘다. 그래서 비실이니 갈비씨니 하는 말을 듣고 살았다. 그때 텔레비전에 나오는 희극배우 가운데 '비실이 배삼룡'이 있었다. 친구들은 훗날 내가 어른이 되면 '비실이 박상률'이 될 거라며 놀렸다. 그때는 무엇보다도 배가 나와야 품격(?) 있는 인간이었다. 배 나온 사람은 '배 사장'으로 대접해 주던 시절이었다. 이는 1980년대까지 탤런트나 영화배우들을 보면 안다. 인기가 좀 있던 남자 배우들은 다들 배를 싸고 있는 허리둘레가 풍성하고, 얼굴도 살집이 있어 두터웠으며 크고 넉넉했다. 여자는 얼굴이 쟁반 같이 넓적하고 통통해야 부잣집 맏며느리감이라며 각광을 받았다. 그런 시절에 'KBS'라 놀림을 받았으니 내가 얼마나 움츠러들었겠는가!

외모에 대한 말을 직방으로 하기 전 시절의 아이들은 내 소설 『봄바람』의 주인공 훈필이가 작가 아니냐며 조심스레 물었다. 작가와 등장인물을 동일시한 것이다. 그러면 나는 훈필이의 모습에서 내 모습도 조금 읽히긴 하지만 그 시절 다른 친구들 여럿을 훈필이의 몸에 넣었다고 했다. 작가는 어떤 인물을 창조할 때 한 사람에게 여러 사람의 특성을 얹어 합성을 해 독특한 개성을 가진 인물을 만들어 낸다고 말이다.

요즘 아이들은 '돈'에 관심이 많다. 주저하지 않고 서슴없이 묻는다. 작가를 직업으로 하면 돈 많이 버느냐고. 처음엔 당황스러웠지만 지금은 태연히 대답한다. "집에 햄스터라는 서양 쥐가 있는데 햄스터 먹이 살 정도는 됩니다." 우문에 우답으로 대꾸한다. 그러지 않으면 '천기누설'을 하게 되므로!

강연장에서 생긴 일을 쓰다 보니 지금 막 떠오르는 것이 하나 또 있다. 몇 해 전 경상도 내륙에 자리하고 있는 어떤 도시의 도서관에 강연을 갔다. 며칠 뒤 낯선 전화를 받았다. 그때 내 강연을 들은 여고생이었다. 그래서 의례적인 인사말을 나누고 끊으려 하는데 그 아이가 막무가내조로 말했다. 서울 가서 작가 선생님을 만나고 싶다고. 만나 주지 않으면 공부고 뭐고 하지 않겠다며 협박(?)까지 했다. 좋은 말로 달래며 한참 진을 뺐던 기억이 난다. 그날 이후론 강연 가서 누가 전화번호를 가르쳐 달라고 하면 절대로 가르쳐 주지 않는다. 가르쳐 주지 않아도 전화를 하는데…. 그 여고생은 내 전화번호를 담당자에게서 알았던 모양이다. 최근에 강원도의 어느 학교에 갔다가 남자 중학생이 연락처를 가르쳐 달라고 차 있는 데까지 따라오며 졸라댔지만 어느 선생님 하나 만류하지 않았다. 자라 보고 놀란 가슴 솥뚜껑 보고도 놀랐을까? 나는 끝내 전화번호를 가르쳐 주지 않았다.

강연 시간에 늦어서 진땀을 뺀 기억도 떠오른다. 공교롭게도 모두 11월이었다. 게다가 도시의 이름에 '~주州'가 들어가는 청주, 상주, 전주였다. 11월의 평일이라 느긋하게 마음먹고, 그래도 두어 시간 여유 있게 서울을 출발했지만 단풍놀이 관광차 때문에 길이 막혀 세 곳 다 지각했던 기억. 그래서 현장에 도착하여 오줌도 누지 못하고 바로 강연을 시작한 까닭에 얼굴이 노래진 듯한 느낌을 받았던 경험이 있다.

책을 읽으면
자기 머리로 생각하게 된다

— 내 강연 주제는 다양하다. 책 읽기, 글쓰기는 물론 작가와의 대화, 북 콘서트, 청소년의 삶 등. 강연 섭외자는 자기들이 필요로 하는 주제를 요청한다. 나로선 한 사람이 하기엔 벅차 보이지만 힘닿는 데까지 할 수밖에….

몇 해 전만 해도 일반 경기는 물론 출판 시장도 지금처럼 불황이 아니어서 책의 인세만으로 그럭저럭 살아갈 수 있었다. 그런데 지금은 그런 시절이 아니다. 경제는 장기 불황에 빠져들었고, 무엇보다도 독서 시장 자체가 무너져 버렸다. 책보다 더 재미있는 것들이 횡행하는 세상이다. 그리고 정치를 비롯한 세상일도 소설보다 더 기막히게 돌아간다. 그러니 누가 책을 읽겠는가? 그렇지만 나는 책을 읽으면 뭐가 좋은지를 들려주며 제발 책 좀 읽자고 호소한다. 작가는 책을 쓰는 사람이다. 쓰는 사람은 읽는 사람이 있어야 존재한다. 그러니 책을 읽자고 안 할 수 없다.

미국의 경제학자 폴 크루그먼은 그의 저서 『우울한 경제학자의 유쾌한 에세이』(부키, 2002)에서 "명사 중심의 경제"를 이야기했다. 음악가, 언론인, 시인, 수학자, 경제학자들이 그들 본연의 소득원보다는 강연 등을 통해 소득을 올리는 현상을 설득력 있게 설명했는데, 고개를 끄덕이지 않을 수 없었다.

그러고 보면 1990년대 초 서울 시내의 어떤 여고에 시인 자격으로 불려간 적이 있다. 시로 등단했기 때문이다. 첫 강연이었다. 그 이후엔 학교에서고 강연장에서고 시인으로 설 자리가 없었다. 폴 크루그먼이 틀린 것일까? 그런데 최근에 어떤 교사 연수에서 '시를 만나는 방법'이라는 주제로 강의를 한 적이 있다. 다시 시인으로 설 자리를 얻은 것일까? 내 글쓰기의 향방이 나도 궁금하다.

4월 어느 날, 대구의 한 학교에 가서 강연을 했다. 고속열차를 타고 오가면서 대구를 참 많이도 다녔다는 생각이 들었다. 대구의 대표 대학 격인 경북대만 해도 두 번이나 다녀왔고, 대구의 중고교도 얼추 절반은 다녀온 듯하다. 일정만 맞으면 외고, 공고, 상고, 남고, 여고, 중학교 가리지 않았으니…. 이번에 다녀온 학교도 이미 전에 한 번 다녀온 학교이다. 대구의 지하철이 낯설지 않고, 나아가 제법 익숙하게 타는 나를 보고 내 자신도 조금은 놀랐다. 개인적으로 아무런 연고도 없는 대구를 자주 드나든 건 강연 때문이었다. 그것도 단순히 작가와의 대화나 북콘서트가 아니라 책 읽기, 즉 독서와 연계시킨 강연이 유달리 많았기 때문이다.

대구에 책 읽기 강연이 많았던 건, 몇 년 전 교육청(교육지원청)의 한 장학사가 독서에 지대한 관심을 보이고 여러모로 일선학교에서 실행할 수 있는 지원을 했기 때문이다. 여당 후보면 막대기만 꽂아도 당선되던 대구에서 2016년 국회의원 선거 때는 야당 소속 국회의원이 나왔다. 입바른 소리 좀 했다고 여당에서 배신자라고 밀어낸 사람이 무소속으로 국회의원에 당선되는 걸 보니, 이번 국회의원 총선 때야말로 책을 읽은 젊은이들이 투표를 많이 했을 것이라는 생각이 들었다. 10여 년 전의 중고생들도 이제는 성인이 되어 투표권이 있었을 테니.

책을 제대로 읽은 사람은 자기 머리로 생각을 한다. 고로 책을 읽은 그들이 투표를 했을 테니 선거 결과가 달라지는 것은 당연지사일 터(20대 투표율은 높았고 노년층은 정치에 염증이 나 투표를 포기한 이들이 많았다고 한다).

지난 10여 년 동안 부산과 양산, 김해, 창원 등지를 대구 다음으로 많이 갔다. 그쪽에 많이 간 이유는 창원의 '한 마을 한 책 읽기'나 김해의 '한 도시 한 책 읽기'에 따른 도서관들의 요청이 많아서였다. 누가 책 읽기와 투표의 상관관계를 연구해 보아도 좋을 것이라는 생각이 문득 든다. 대구, 부산, 김해, 창원 등 내가 책 읽기 강연을 많이 다닌 곳의 2016년 국회의원 총선 결과를 보니 독서가 투표 행태와 무관하지 않을 거라는 생각이 들었기 때문이다.

고인이 된 어떤 대통령은 정치하는 동안 "머리는 남에게 빌려도 건강은 남에게 빌릴 수 없다"며 새벽마다 뜀박질을 했다. 그런데 IMF사태 때 보니까 자기 머리로 생각을 하지 않고 남의 머리를 빌리기만 하면 어떤 일이 일어나는지를 알겠더라. 그는 대통령 후보 시절에 어떤 시사 잡지의 기자가 독서 많이 하느냐고 묻자, 신문 많이 본다고 대답했다. 그에게 독서는 신문 보는 것이었다. 요즘 사람들은 신문조차 잘 보지 않으니 그가 선견지명이 있었나?

나는 밥상 말고 '상' 자 붙은 것을 받아 본 적이 별로 없지만

— 얼마 전 13회(2015년) 사계절문학상의 수상작이 없다는 말을 들었다. 문학상에 응모한 이들은 수상 여부에 촉각을 곤두세우고 있을 것이기에 수상작을 내지 못하면 심사위원들도 맘이 편치 않다. 그런 때에는 자조적으로 밥값을 못 해서 저녁 먹기가 미안하다고 말한다. 최종심사 사정이 끝나면 대개의 경우 출판사 대표가 와서 저녁을 산다.

13년 동안 사계절문학상의 수상작을 내지 못한 해가 몇 번 있었다. 나는 우스갯소리로 밥상 말고는 상을 받아 본 적이 없다고 말한다. 근데 밥상을 제대로 받으려면 상을 제대로 주어야 한다는 이치를 심사를 하면서 알았다. 상을 제대로 준다는 것은 무엇인가? 그건 두말 할 것 없이 좋은 작품을 수상작으로 뽑는 일일 터.

사계절문학상이 처음 제정되던 때부터 직간접으로 인연을 맺었기에 사계절문학상 소식에 무감각할 수 없는 처지이다. 그간 10년 넘게 예심을 비롯하여 본심 심사위원으로 참여했다. 그러다가 2014년부터 심사를 하지 않는다. 사계절문학상을 받은 작가들이 이젠 중견으로 활약하고 있고 그들에게 심사를 맡겨서 상의 미래를 결정짓게 하는 게 의미가 있을 것이기에. 또 같은 사람이 어떤 문학상의 심사를 오래 하면 응모자들에게 괜스런 선입견을 줄 수 있을지도 모르기 때문이다. 물론 종신 심사위원이 있어서 그 상의 처음과 끝을 다 책임지게 할 수도 있겠지만, 그렇게 하면 부담이 너무 크다.

제1회 사계절문학상 때에는 대상이 없었다. 아마도 청소년 소설을 대상으로 한 상이 처음 제정되어서 응모하고자 하는 젊은 작가들이 쉬이 갈피를 잡지 못한 까닭이 컸으리라. 그래서 응모작 대부분이 내 작품 『봄바람』의 너비와 깊이를 벗어나지는 못했다. 공공연한 '업계'의 비밀이지만 심사자는 자기 작품을 뛰어넘지 못하는 작품은 절대로 뽑지 않는다. 나아가 "비슷한 것은 가짜다"라는 말처럼 비슷한 양상을 보이면 더더욱 그런 작품을 뽑지 않는다. 그때 나는 예심을 보았는데, 내게 배당된 작품 가운데에 내 소설과 비슷한 소재나 주제를 담은 작품은 본심에 올리지 않은 기억이 난다. 그런데 이재민의 『사슴벌레 소년의 사랑』이 뽑혔다. 다만 대상으로 밀기에는 여러 가지 아쉬운 점이 있어 본심위원들은 '우수작'이라는 대안(?)을 제시했다.

『사슴벌레 소년의 사랑』은 서정성이 뛰어나고 이성에 막 눈을 떠 가는 소년의 심리와 자연에 대한 묘사가 유려한 문체에 실려 있었다. 그래서 내려놓기에는 아깝고, 그렇다고 대상의 영예를 안겨 주기에는 뭔가 조금 부족했다. 그럼에도 그날은 심사위원들 모두 저녁을 당당하게 먹었다. "시작이 반이다" 하면서….

다행히 제2회 사계절문학상에선 대상작을 냈다. 수상작인 이옥수의 『푸른 사다리』는 도시 빈민들의 이야기를 담은 작품이다. 도시, 그 가운데서도 강남으로 상징되는 서울의 서초동. 대한민국의 심장이자 법으로 상징되는 그 지역 바로 앞 꽃마을 비닐하우스촌에서 살아가는 사람들의 모습을 그렸다. 묘한 공동체였다. 있는 이, 가진 이의 시선에서 바라보면 묘하다는 얘기다. 하지만 그곳 사람들의 삶 또한 보통 사람의 삶과 마찬가지였다. 부부가 싸우고, 아이들은 겁먹고, 그러는 사이 아이들은 자라고…. 『푸른 사다리』는 그곳에서 자라는 한 아이의 성장담이다. 어느 곳에서든 아이들은 자란다. 열악한 환경 속에서도 아이는 자란다. 이 작품은 단순히 성장담에 그친 것이 아니라, 곳곳에 능청스러운 유머도 버무려 '웃고 있어도 눈물이 나는' 상황을 연출했다. 그곳 사람들의 삶과 아이의 성장이 통찰력 있게 잘 어우러진 작품이다.

『푸른 사다리』가 나온 다음 해에는 사계절문학상 수상작이 없었다. 그랬기에 심사위원들은 밥값을 하지 못한 것에 대해 대단히 미안해하면서 저녁을 먹어야 했다. 그다음 해엔 비보이 아이들의 이야기를 담은 신여랑의 『몽구스 크루』가 당선작이 되었다. 이 작품은 제목만큼이나 낯선 세계를 이야기 소재로 삼았다. 청소년문학에서 잘 다루지 않던 소재. 그 소재를 통해서도 아이들을 이야기할 수 있다는 걸 보여준 작품이다. 아이들은 외쳤다. "우리는 춤을 원한다!"라고. 아이들의 욕망이 무엇인지 정확히 짚은 작품이라고 생각했다.

청소년문학을 사계절출판사 홀로 책임져야 했던 1990년대 말과 2000년대 초중반이 지나고, 2007년 무렵이 되자 창비가 청소년문학 시리즈를 펴내기 시작했다. '창비청소년문학'이라는 문고 이름을 정한 뒤 이현의 『우리들의 스캔들』을 필두로 야심차게 청소년 소설을 펴냈다. 더불어 '창비청소년문학상'을 제정하여 제1회 수상작으로 김려령의 『완득이』를 선정하며 청소년문학의 붐을 일으켰다. 심사위원들은 이 작품을 보고 첫 문장부터 눈을 사로잡아 마지막 장을 덮을 때까지 놓아 주지 않는다고 흥분했다. 과연 『완득이』는 심사위원들의 말마따나 재미와 감동을 같이 추구하고자 하는 젊은 독자들의 구미를 당기게 해, 책의 성공뿐만이 아니라 영화로까지 제작되어 '공전의 히트'를 쳤다. 주인공 완득이는 집도 가난하고 공부도 못한다. 하지만 싸움만큼은 누구에게도 지지 않는다. 그때까지 청소년 소설의 주인공들은 거개가 약간 칙칙하고 의기소침한 인물로 설정되었는데 완득이는 그런 인물과는 아주 딴판이었다. 자신의 출신 성분과는 다른 매력을 풍기는 인물이었다. 무엇보다도 기운이 펄펄 넘치는 아이였다. 창비청소년문학상은 그다음 해에 구병모의 『위저드 베이커리』를 당선작으로 내놓았다. 『위저드 베이커리』의 열풍도 만만치 않았다.

이처럼 사계절과 창비가 청소년 소설을 통하여, 특히 문학상으로 상당히 '재미'를 보자 여타 출판사들도 청소년문학 판에 뛰어들었다. 비룡소, 문학동네, 자음과모음 등은 청소년문학상을 운영하기도 했다.

여러 출판사에서 청소년문학상을 운영하다 보니, 심사위원으로선 웃지 못할 일을 겪는 경우도 많았다. 가 출판사 청소년문학상에 떨어진 작품이 상금이 더 많은 나 출판사의 공모에서 당선작이 되어 심사위원의 가슴을 쓸어내리게 했다. 그래도 이 경우는 더 잘(?) 되었다고 자위할 만하다. 하지만 정말 씁쓰레한 것은 가 출판사 공모에서 본 작품이 별 수정 없이(혹은 제목만 바꾸어 달고) 나 출판사에 응모한 경우다. 이미 작품을 읽었지만, 어느 부분을 고쳤는지 알기 위해 또 정독을 해야 한다. 그렇게 읽고 나서도 거의가 "역시나" 하는 소리를 뱉게 된다. 청소년문학상이 여럿 되다 보니 일정에 쫓겨, 혹은 요행을 바라고 여기저기 급하게 응모하는 작가들이 적잖은 모양이다. 아기를 뱄을 때 미리 먹는 것 따위를 조심해야 건강한 아이가 나온다. 이미 낳은 뒤에 아기가 건강하지 못한 걸 알고 여기 치료하고 저기 치료하면 더 힘들다. 작품도 이와 마찬가지다. 처음부터 잘 써야지, 대충 쓰고 나서 고치면 한계가 뚜렷하다. 이는 내게도 해당되는 말일 터.

청소년 소설의 역사가 짧은 까닭에 청소년 소설가가 많지 않아 심사위원의 폭이 좁은 것도 문제다. 그래서 일반 소설을 쓰는 작가들을 심사위원으로 부르는 경우가 아직도 많다. 그렇다 하더라도 소설의 기본은 같으므로 응모자는 요행을 바라지 말아야 한다.

하여간 한동안 나는 이 출판사 저 출판사 겹치기 출연을 많이 했다. 동화까지 겸업을 하다 보니 가 출판사에선 청소년 소설로 읽은 작품을 나 출판사에선 동화로 읽어야 하는 곤혹을 치르기도 했다. 또 뜻밖에 많은 작품을 읽게 되는 행운(?)도 맛보았다. 단행본으로 출간되었다면 서평 대상이 되지 않고선 보지 않았을 작품이다. 그런데 여기서 하나 짚고 넘어가야 할 것은 동화와 소설의 문법은 다르므로 애초에 동화로 쓸 것인지 청소년 소설로 쓸 것인지를 잘 정한 뒤 거기에 맞게 구성을 짜고 묘사 등을 했으면 하는 바람이다. 단지 수위만 올린다고 동화가 소설이 되지는 않는 법이다. 가축이라는 점에선 소와 말이 같지만 소의 새끼는 송아지이고 말의 새끼는 망아지이다. 송아지와 망아지는 전혀 다른 짐승으로 내어난다. 동화와 소설도 마찬가지. 문학이라는 점은 같지만!

꼰대가 되지 않으려면

– 왜 청소년문학인가?

청소년은 청소년이다

나는 "청소년은 청소년이다"라고 정의한다. 청소년을 달리 표현할 방법이 없기 때문이다. 청소년은 단순히 어른과 어린 아이 사이에 낀 세대가 아니다. 청소년은 어른도 아니지만 어린이도 아니다. 어른이라면 어른 역할을 함으로써 애써 의젓해야(속내와 달리) 할 것이고, 어린이라면 아직 동심을 가지고 있어 이른바 '순진한 면'이 남아 있다. 하지만 청소년은 그렇지 않다. 어른의 역할을 하기 위해 의젓한 면을 보여 주지도 않을 뿐더러 어린이다운 순진한 구석도 별로 없다. 그래서 동일률 법칙에 따라 "청소년은 청소년이다"라고 정의할 수밖에 없다.

나도 한때는 청소년이었지만, 육체적으로 청소년이 되기 전부터 어른 역할을 하는 아이로 길러졌다. 어려서부터 곧잘 '애어른'

이라는 말에 넘어가 늘 의젓하게 굴어야 했기 때문이다. 특히, 집안에 제사가 있을 땐 할아버지 곁에 얌전히 앉아 먹을 갈며 지방과 축문 쓰는 것을 도우며 익혀야 했다. 집안의 장손이라는 태생적 존재에 따른 역할을 일찌감치 해야 했으니, 나는 애어른으로 자랄 운명을 타고 난 거나 마찬가지였다.

아주 어렸을 때부터 애어른 노릇을 하다 보니 언제나 내 행동거지는 조심스러웠고, 규정지어진 울타리 밖으로 한 발짝도 나가지 않았다. 어른들은 이런 나를 대견하게 여겨 칭찬을 해댔지만, 정작 나는 다른 아이들처럼 천방지축으로 놀지도 못하고, 늘 엄숙한 표정을 짓고 자라야 했다. 이는 내 나이에 맞지 않은 옷을 걸친 거나 마찬가지였으니, 불편한 것은 당연지사.

나는 다른 아이들이 노는 것을 지켜 보기나 해야 했고 옷을 더럽혀서도 안 되고, 비가 와도 그냥 맞으며 천천히 걸어야지, 까불거리며 함부로 뛰면 안 되었다. 이렇게 행동한 것에 대한 대가는 할아버지와 겸상을 하며 할아버지가 남긴 흰 쌀밥이 내 차지가 되는 것으로 보상되었다. 할아버지와 겸상을 하는 장손. 다른 형제들은 할아버지 밥상을 넘겨다 보며 부러워하는 것으로 장손의 자리를 인정해야 했다.

애어른으로 자란 까닭에 할아버지가 보는 한문 서적과 온갖 시문에 익숙해지기는 했지만, 내 속의 아이는 자꾸만 내 안에서 보챘다. 놀아 달라고.

그렇게 초등학교와 중학교를 고향에서 마치고 고등학교에 진학하기 위해 대도시로 나왔다. 고등학생은 이미 어린이가 아니었다. 자취하면서 시작한 타향살이는 만만치 않아서 돌아갈 수만 있다면 그토록 마뜩잖아 했던 어린 시절로 다시 돌아가고 싶었다. 하지만 그건 불가능한 일이었다. 나는 하는 수 없이 진짜 어른처럼 의젓하게 굴며 타향살이를 하는 청소년이 되어야 했다. 게다가 나를 믿고 동생들도 하나둘 도회의 고등학교에 진학하였고, 부모님도 내가 먼저 터를 잡았다 생각하고 동생들을 보내셨다. 나는 사춘기를 치를 새도 없이 어른이 되고 말았다. 집을 벗어나자 더 큰 무게로 다가온 역할. 그러니 그때부턴 거의 영감 같은 어른이 될 수밖에….

내 청소년 시절의 문학 작품

도회에서 동생들과 함께 자취 생활을 하다 보니, 나는 '진짜' 어른이 되었다. 나도 굳이 어른 노릇을 마다하지 않았다. 고등학생에 불과한 나였지만 동생들에겐 아주 큰 의지처가 된 모양이었다. 그러니 나의 사춘기를 내보일 수 있었겠는가? 사춘기를 맞은 동생들을 다독이며 그 시절을 견디기에도 바빴다.

새벽이면 연탄불에 밥 해 먹고, 주인 눈치 봐 가며 대문간 옆에 하나밖에 없는 화장실을 얼른 다녀온 뒤 학교에 갔다. 6남매의 맏이였던 내게 동생들이 하나둘씩 오면 주인보다 먼저 화장실 다니는 법부터 가르쳤다. 화장실에 오래 앉아 있어도 안 되고 학교에서 일 보려면 시간 맞추기가 어려워 낭패니 집에서 일찌감치 볼

일 다 보고 가라고 다그쳤다. 부모가 해야 할 동생들 뒷바라지와 잔소리를 내가 대신했으니, 그 시절 무슨 낭만이 있었겠는가. 기껏해야 주인집 또래 여학생이 수줍게 건네준 반찬에 감읍하여 무척 고마워했던 기억뿐….

그때 까만 학생복 윗도리 호주머니에는 니체의 『선악의 피안』 같은 문고본을 늘 담고 다녔다. 시 같기도 하고 잠언 같기도 한 문구들이 좋아서 그랬다. 그래서 시를 잘 쓰려면 이런 철학을 공부해야 하리라 다짐하고 한때 철학 전공으로 대학에 갈까 신중하게 생각한 적도 있었다.

내가 다닌 고등학교에서 사회 과목을 가르쳤던 젊은 선생님 한 분이 생텍쥐페리의 『어린 왕자』를 권했다. 그 책을 권하면서 어른들은 아이가 친구 집에 다녀오면 절대로 그 집의 색깔이나 화단의 꽃, 남벼락의 담쟁이 같은 것을 묻지 않고, 집이 얼마짜리로 보이는가만 물어 본다는 이야기를 했다. 나는 그 이야기에 고개를 많이 끄덕였다. 헤세의 『데미안』 이야기도 해 주었지만 당시에는 별 감흥이 없었다. 『데미안』에 나오는 인물들이 한가해 보였기 때문이다. 이미 동생들을 거느리는 가장 노릇을 하고 있었기에 그랬으리라. 게다가 그 선생님이 행정고시에 합격해 세속적인 출세가도를 걷기로 했다는 소식을 들은 뒤라서 더욱 감동이 없었는지도 모른다.

고등학생 시절, 기껏 읽은 책이라곤 교과서에 들어 있는 소설이나 시가 다였다. 그나마 고향에서 중학교 갈 무렵 다섯 권짜리

'한국단편문학전집'을 읽은 터라 교과서나 참고서에 있는 소설은 곧잘 무시하는 건방도 떨었다. 그런 때에 나를 감동시킨 건 국어 참고서에서 본 김용호 시인의 「주막에서」라는 시였다. 그 시를 줄줄 외우고 다녔는데 지금도 "그/ 수없이 입술이 닿은/ 이 빠진 낡은 사발에/ 나도 입술을 댄다./ 흡사 정처럼 옮아오는 막걸리 맛"이라는 구절이 떠오른다. 이상화 시인의 「빼앗긴 들에도 봄은 오는가」에서는 "나는 온몸에 햇살을 받고/ 푸른 하늘 푸른 들이 맞붙은 곳으로/ 가르마 같은 논길을 따라 꿈 속을 가듯 걸어만 간다"라는 구절에 동화되어 가슴이 울컥하기도 했다.

그러나 그뿐이었다. 당시 고등학생들이 읽을 만한 청소년문학은 더 이상 없었다. 기껏해야 김춘수 시인의 「꽃」에 열광해야 했다. 샐린저의 『호밀밭의 파수꾼』은 청소년이 봐서는 안 되는 소설이었다. 혹시라도 동생들이 그런 소설을 볼까 봐 노심초사했던 기억이 새롭다. 그러는 사이 나는 대학생이 되었다.

청소년문학, 왜 어른도 읽어야 하는가

필자는 2014년에 『어른도 읽는 청소년 책』(학교도서관저널)이라는 책을 펴냈다. 청소년문학을 하는 작가로서 어른들이 읽어야 할 청소년 소설을 소개했다. 내가 어른들에게 청소년 소설을 권하는 이유는 무엇보다도 어른의 문제가 곧 아이들 문제이기도 하기 때문이다. 부모가 이혼하면 아이들은 어찌해야 할까? 집안이 경제적으로 파산하여 가족이 흩어져야 한다면 아이들은 자유로울까? 게다가 살인적인 대학 입시 경쟁은 아이들을 원초적으로 주눅 들게 하고 있다. 이래저래 압박을 받고 방황하는 아이들. 그런 아이들을 외면할 수 없었다.

물론 나는 현상적인 청소년 문제보다도 내 안에 공존하고 있는 청소년에게 더 붙들려 있는지도 모른다. 이는 내가 완전히 떠나 보내지 못한 청소년이 내 안에 같이하기 때문이기도 하다. 청소년 시절을 완전히 태워 버렸으면 나도 그 시절에 붙들리지 않고 있을지 모른다. 그런데 나는 유감스럽게도 청소년 시절을 제대로 보내지 못했다. 그게 여러 문학 장르 중에서도 청소년문학에 꽂히는 계기가 되었는지도 모르겠다.

그런데 우리 또래 어른들은 곧잘 자신의 청소년 시절을 잊어버린다. 물론 자기 안에 있는 청소년도 떠올리지 않는다. 오로지 지금 눈앞에 보이는 청소년만 바라본다. 그러니 잔소리만 하게 된다. "우리 클 때는 안 그랬는데" 하면서….

나는 내 안의 청소년을 잘 다독여야 내 밖의 청소년도 이해할 수 있으리라 믿는다. 하지만 어른들이 우선은 자신의 밖에 있는 청소년이라도 잘 이해해야 한다는 생각에 그런 책을 썼다. 오로지 꼰대 같은 잔소리만 하는 어른이 되지 않기를 바라는 마음에서 말이다.

세계의 유서 깊은 동굴 안에는 당시 청소년들이 버르장머리가 없다는 것을 나타낸 그림이 곧잘 그려져 있다고 한다. 기원전 2000년 무렵 티그리스강 유역에서 일었던 메소포타미아 문명의

한 기록엔 노인들이 젊은이들을 보고 '말세를 보여 주는 존재'라고 한탄했다 하고, 고대 이집트 벽화에는 '요새 젊은 것들은 예의가 없다, 말세야 말세!'라 적혀 있다고 한다. 다른 벽화에도 젊은이들은 요샛말로 '싸가지'가 없다고 적혀 있단다. 요즘 사람들 생각엔 먼 옛날의 청소년들은 아주 예의 바르고 깍듯했을 것 같다. 그런데 아닌 모양이다.

예나 지금이나 청소년은 그런 존재다. 언제나 어른 눈엔 안 차고 위험해 보이는 존재. 그렇지만 그들도 종국에는 어른이 된다. 마침내 어른이 되는 존재. 그렇다고 해서 청소년기를 무시해도 되는 건 아니다. 청소년은 아이와 어른을 잇는 단순한 가교 역할을 하는 것이 아니기 때문이다.

앞으로의 청소년문학은?

1997년 필자가 소설 『봄바람』을 펴냄으로써 우리 청소년문학의 물꼬를 텄다. 1996년에 최시한의 연작소설 『모두 아름다운 아이들』이 나오긴 했지만 이 책은 처음엔 어른 독자를 대상으로 한 것이었다. 이 작품은 나중에 청소년문학으로 개정판을 냄으로써 마침내 청소년문학의 일원이 되었다.

청소년문학을 하는 작가들이 20년 전에 비하면 놀랄 정도로 많이 늘었다. 그러나 청소년문학의 '정전'이 될 만한 작품은 나오지 않았다. 기껏 청소년의 현상적인 모습에 붙들려 그들의 대리인 같은 작품 경향을 보여줄 뿐이다. 그런 작품들이 지금 차고 넘친다.

새로 등장하는 작가들은 청소년문학을 다른 방식으로 해야 한다. 다른 방식으로 한다는 것이 물론 쉽지 않다. 하지만 청소년문학이 필요한 이유를 알면 결코 소홀히 할 수 없다.

인간은 언어로 세계를 구성한다. 자신이 아는 언어가 자신의 세계인 것이다. 청소년은 청소년대로, 어른은 어른대로 자신의 세계를 언어로 설명하며 구축한다. 그렇다면 청소년들이 구성하는 세계는 어떤 세계일까?

나는 청소년이 한 사람도 안 나오더라도 청소년이 읽을 수 있는 청소년문학을 해야 한다고 생각한다. 청소년의 지적 수준이나 육체적 성장 수준에 맞는 이야기이면 충분하다. 그러려면 작금의 현상적인 모습을 그리는 청소년문학보다 소재가 훨씬 다양해져야 한다. 역사, 환경, 인권, 이주노동자, 다문화 가정 등 소재는 세상 도처에 널려 있다. 작가는 모름지기 그런 것을 수습해 자신의 방식으로 구성하여 내놓는 존재다. 청소년을 굳이 등장시키지 않지만 청소년이 읽을 수 있는 작품이면 훌륭한 청소년문학이다. 청소년문학에서 다루지 못할 소재는 없다.

단순한 소재주의가 아니라 세상 도처에 널려 있는 이야기를 잘 수습했으면 하는 바람이 있다. 젊은 작가들은 그런 것에 눈을 돌려야 한다. 청소년문학이란 게 아주 별종인 게 아니다. 이 세상을 이루는 청소년이라는 존재, 이 세상 문제에서 자유로울 수 없는 청소년이라는 존재, 그 존재의 이야기를 쓰면 된다. 청소년의 이야기는 곧 세상 전체의 이야기이기도 하다.

나는 정기적인 강의 때는 '문학이 우리 삶에 필요한 이유'를, 비정기적인 강연 등에선 '어른의 삶, 청소년의 삶'을 주요한 주제로 이야기하였다. 그런데 어른의 삶과 청소년의 삶이란 게 확연하게 구분되지 않는다. 어른의 문제는 곧 청소년의 문제이고, 청소년의 문제는 곧바로 어른의 문제로 이어진다. 그렇다면 청소년문학에서 제쳐 두어야 할 소재는 없다. 이 세상에서 일어날 만한 것 가운데 청소년도 이해할 수 있는 얘기이면 그만이다. 물론 청소년이기에 통과의례적으로 겪어야 하는 일은 있다. 그렇다고 해서 청소년문학가들이 그것에만 목을 맬 이유는 없다. 청소년 시기에 겪어야 하는 '특별한 일'은 성장소설 등을 통해 충분히 작품화되었다. 젊은 작가들은 기왕의 청소년문학이 다루지 않은 분야로 폭을 넓혀야 하리라.

2장

나는 나를 벗한다

나는
나를 벗한다

지상에서 겨우 스물여섯 해를 머물다 간 이언진(1740~1766)이라는 이가 있다. 신분 사회가 엄격했던 조선 시대의 역관 출신이었지만 누구보다 글쓰기를 잘했던 문인이다. 그가 살았던 시대의 사람들은 좀체 그를 알아 보지 못했다. 그보다 세 살 많았던 연암 박지원도 그를 대수롭지 않게 여기다가, 그가 죽고 나서야 그의 진가를 알아 보고 전기 『우상전』을 쓸 정도였으니까. 그러나 이언진의 전기를 쓴 박지원은 정작 그의 속모습을 잘 들여다본 것 같지는 않다. 크게 보면 박지원은 봉건왕조 테두리 안에 있었고, 이언진은 테두리 바깥에 있었던 데다 너무 일찍 세상을 뜬 까닭일 것이다. 하지만 이언진의 스승 이용휴는 일찌감치 그를 알아 보고 이렇게 노래했다.

요행으로 억만금을 얻게 된다면
그 집에 반드시 재앙이 생기지
하물며 세상에 드문 이런 보배를
어찌 오래도록 빌릴 수 있으랴

이용휴는 요절한 제자 이언진을 하늘이 잠시 세상에 빌려준 보배로 보았다. 스승이 보기에 그는 천재였다. 하지만 신분 사회인 조선에서 재능을 펼치기는 어려웠다. 이언진은 "나는 나를 벗한다"라는 말을 입에 달고 살았다. 어차피 자신을 알아 주고 벗할 이가 마땅치 않으니 스스로를 벗해서 지내면 그만이라는, 통 큰 자부심의 다른 말이리라.

그래서 그랬을 것이다. 이언진은 죽기 전에 자신의 원고를 모두 불에 태워 버렸다. 그가 할 수 있는 가장 큰 저항이었다. 자신이 머물다 간 흔적을 지워 버림으로써 자신의 존재를 없애고자 한 것이다. 그러나 300여 년 가까이 지나 그의 생애가 다시 복원되었다. 몇 해 전 서울대 국문과 박희병 교수가 이언진 평전 『나는 골목길 부처다』(2010)와 그의 시집 『호동거실』에 대한 평설 『저항과 아만』(2009, 이상 돌베개)을 세상에 내놓은 것이다.

이언진은 일찌감치 "옥황상제가 있는 하늘나라에는 도서관이 있다"라고 노래했다. 이는 아르헨티나의 작가 보르헤스가 훗날 "천국은 도서관 형태"일 것이라 말한 것과도 비슷하다. 이 말에서 이언진의 천재성은 그냥 발현된 게 아니고 책을 좋아해서 나온 것

임을 알 수 있다.

다른 사람을 멋대로 규정짓는 게 현 시대 사람들의 취미인 듯하다. 한번 자기 식대로 낙인 찍어 버리면 나중에 어떤 말을 해도 통하지 않는다. 낙인 자체가 잘못이어도 절대로 바꾸지 않는다. 다른 사람들은 그 말을 곧이곧대로 믿는다. 뒤에서 근거 없는 험담을 하기도 한다. 그래서 "부러우면 지는 거다"라는 말도 유행했는지 모른다. 그런 험담은 거의가 시샘의 다른 말이므로.

누군가가 무심코 던진 돌에 맞아 개구리는 죽는다. 절대로 함부로 돌을 던질 일이 아니다. 그런데 험담하는 이들은 마구 돌을 던진다. 그리고 돌을 던진 걸 잊어버린다. 개구리는 그 돌에 맞아 죽었는데도….

40년도 훌쩍 더 되는 중학생 시절. 어떤 녀석이 '갈비씨'를 음차해서 'KBS'라고 나를 놀린 적이 있다. 그 말이 듣기 싫어 나는 학교에 가고 싶지 않을 정도였다. 세월이 흘러 20여 년 전 그 녀석이 전화를 했다. 어떤 기사에서 나를 언급한 걸 보고 출판사에 문의해 내 연락처를 알았던 모양이다. 만나자고 하는데 나는 만나기 싫었다. 굳이 안 좋은 추억을 떠올리고 싶지 않아서였다. 며칠을 두고 계속 채근하길래 할 수 없이 만났다. 그런데 세상에, 그 녀석 때문에 나는 학교에도 다니기 싫을 정도였는데, 자기는 그런 말을 한 적이 없단다! 오로지 내가 여러 가지로 부러울 뿐이었단다! 그래서 내린 결론은 '가해자는 절대로 기억하지 않는다'다. 가해자는 자기가 무슨 짓을 하는지도 모른다. 게다가 시샘이 나면 못살게 군다.

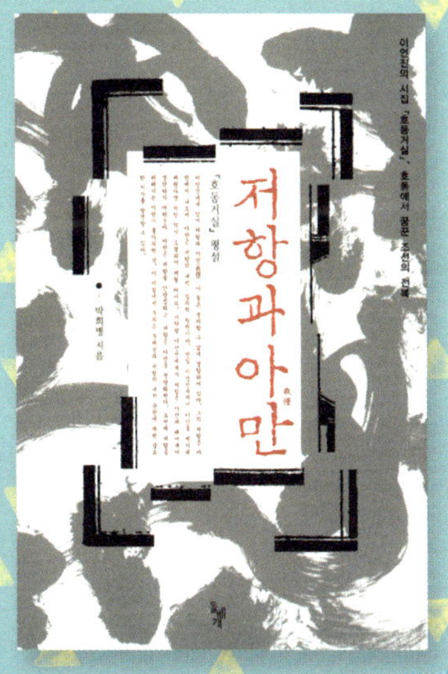

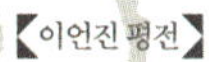

이언진은 죽기 전에 자신의 원고를 불에 태워 버렸다. 자신이 머물다 간 흔적을 지워 버림으로써 자신의 존재를 없애고자 한 것이다. 그러나 300여 년 가까이 지나 그의 생애가 다시 복원되었다. 서울대 국문과 박희병 교수가 이언진 평전 『나는 골목길 부처다』와 시집 『호동거실』에 대한 평설 『저항과 아만』을 세상에 내놓은 것이다.

박희병 교수는 이언진의 문학의 길과 삶의 태도를 보고 초기 불경『수타니파타』의 한 구절을 떠올린다. 우리에게도 잘 알려진 "무소의 뿔처럼 혼자서 가라"가 들어 있는 구절이다.

> 소리에 놀라지 않는 사자같이
> 그물에 걸리지 않는 바람같이
> 물에 때묻지 않는 연꽃같이
> 코뿔소의 외뿔처럼 혼자서 가라

그래야 한다. 남이 알아주든 말든, 남이 뭐라고 하든 말든 자신의 생각과 행위가 옳으면 이것저것 눈치 보지 말고 혼자서 갈 일이다. 혼자서 가야겠다고 마음먹은 게 억지가 아니라면!

빚을 다시 찾았다고?

—— 슬로베니아 태생의 철학자 슬라보예 지젝의 책 『처음에는 비극으로, 다음에는 희극으로』(창비, 2010)를 보면 흥미로운 구절이 나온다. 마르크스가 말하길 "어디에선가 헤겔은 모든 거대한 세계사적 사건과 인물들은, 말하자면 두 번 나타난다고 말한다. 그는 이렇게 덧붙이는 것을 잊었다 – 처음에는 비극으로, 그 다음에는 희극으로." 그러면서 "세계사적 형상의 마지막 단계가 바로 희극이다"라고 했다는 것이다. 여기에 마르쿠제가 한마디 덧붙인다. "희극으로 반복되는 것이 원래 비극보다 훨씬 더 끔찍할 수 있다."

2015년 현재 대한민국에서 벌어지는 모든 일이 희극 같다. 아닌 게 아니라 희극이 원래의 비극보다 더 끔찍하다! '4·16세월호참사특별조사위원회'를 무력화시키려고 하는 이들을 보면, 광복 직후 '반민족행위특별조사위원회'를 방해하고 공격한 무리들

'4.16세월호참사특별조사위원회'를 무력화시키려고 하는 이들을 보면, 광복 직후 '반민족행위특별조사위원회'를 방해하고 공격한 무리들을 보는 것 같다. 그때 친일파들은 반민특위를 무력화시키고 자자손손 부귀를 누리려 했다. 일제강점기 때 독립운동가들의 후손들의 삶은 지금도 신산하다.

을 보는 것 같다. 그때 친일파들은 반민특위를 무력화시키고 자자손손 부귀를 누리려 했다. 일제강점기 때 독립운동가들의 후손들의 삶은 지금도 신산하다. 그래서 "독립운동가 집안의 자손들은 3대가 빌어먹고, 친일을 한 집안의 자손들은 3대가 흥한다"는 말이 생겼으리라.

8·15를 맞아 일본의 총리 '아베'라는 자는 담화를 통해 궤변을 늘어놓는다. 그와 '베'자 항렬이 같아 보이는 대한민국의 '일베' 무리는 좋아한다. 일베 무리뿐일까? 사회 각계각층에서 '암약'하던 친일파들은 기뻐서 날뛰면서 내놓고 '활약'하는 지경에 이르렀다.

지난 정부의 이 머시기라는 대통령은 죽지도 않은 강을 살린다며 4대강을 마구 파헤치는 것으로도 모자라, 대한민국이 지배하고 있는 멀쩡한 독도를 분쟁지역으로 만들어 놓는 신공을 발휘하기도 했다.

당초 세월호에서 빠져나온 선장은 6·25 때 서울을 버리고 도망친 대한민국의 초대 대통령 이승만과 닮았고, 이승만은 임진왜란 때 한양을 버리고 도망간 조선 왕조의 선조 임금과 닮았다. 이승만과 선조 때의 차이를 보면, 이승만은 자기가 도망간 뒤 끊어버린 한강 다리 때문에 피난 못 간 시민들을 도리어 죽이거나 괴롭혔고, 선조 때 백성들은 몽진 간 임금에게 분노하여 한양의 궁궐들을 불태워 버렸다.

초등학교 국어책에 한자를 병기하자고 난리다. 우리말의 대부분을 차지하는 한자를 몰라 요즘 아이들의 문해력이 떨어진다고 목소리 높이는 이들이 여기저기서 준동한다. 문해력이 떨어지는 게 한자 탓이라고? 나는 그들의 말을 당최 알아들을 수 없다.

광복 70주년이라는 2015년 8월, 대한민국은 빛을 다시 찾지 못했다. 희극이다. 끔찍하다!

노인도 아프다

내가 고등학교에 다닐 때 국어책엔 민태원의 「청춘예찬」이라는 수필이 실려 있었다. "청춘, 이는 듣기만 하여도 설레는 말이다"로 시작하는 수필이다. 청춘은 오랫동안 그렇게 '예찬'되다가 몇 해 전에는 『아프니까 청춘이다』(김난도, 쌤앤파커스, 2010)라는 책이 지가를 올리는 등 예찬의 절정에 이르렀다.

2014년에 세월호 수장 사건이 있고 나서 한국작가회의 기자간담회를 할 때 소설가 현기영 선생이 한 말이 떠오른다. "우리처럼 나이 든 사람이 죽은 게 아니라 젊은 아이들이 죽어서 더 안타깝다. 그들은 온통 가능성이었는데…." 이런 취지의 말을 했다. 나이 어려서 죽었다는 건 가능성이 사라져 버린 것이다. 다시 작년 봄처럼 벚꽃이 흐드러지고 목련이 피어나는데, 아이들은 모든 가능성을 접고 멀리 갔다. 뭐니 뭐니 해도 청춘은 가능성이다!

나이는 숫자에 불과하다는 〈내 나이가 어때서〉라는 노래도 있지만 사람이 나이를 의식하지 않고 살 수는 없다. '나이깨나 먹은 사람이~', '나잇값도 못한다'를 비롯 나이와 관련된 말은 참 많다. 지하철 노약자석에서 '민증' 까자며 나이 가지고 다투는 노인들도 있고, 말다툼을 하다가 세가 불리해지면 "너 몇 살이야?" 하며 나이로 누르려고도 한다. 흔히 열정이 사라지면 젊어도 젊은이가 아니고, 늙었어도 열정이 있으면 늙은 게 아니라는 말이 있다. 그래서 그런지 최근에 UN에서는 나이와 관련하여 표준을 새로 정했단다. 물론 식생활 개선과 의료기술의 발달에 따른 자연수명이 예전보다 훨씬 늘어나서 다시 정하지 않을 수도 없었겠지만.

0세~17세: 미성년
18세~65세: 청년
66세~79세: 중년
80세~99세: 노년
100세 이상: 장수 노인

위 분류에 따르면 나는 아직 청년이다. 요즘엔 환갑잔치를 하는 이가 없다. 내가 어렸을 땐 당연히 환갑잔치를 했다. 내가 초등학교에 다닐 때 나의 할아버지도 환갑잔치를 했다. 나중에 어른들 말이 할아버지의 환갑잔치를 하지 않았으면 서운할 뻔했단다. 그도 그럴 것이 할아버지는 칠순잔치를 못 하고 세상을 뜨셨다. 그러나 지금은 환갑 나이가 청년에 해당하니 잔치를 하면 남세스러운 일이 된다.

아이가 세상에 나서 가장 먼저 배우는 말은 '엄마'라고 한다. 이는 세계 공통이란다. 고개가 끄덕여진다. 나도 처음 말문이 트였을 때 '엄마'라고 했으리라. 우리 어머니도 새 분류에 따르면 이제야 노년이네. 내게는 늘 팔순 노모였는데…. 어쩌면 내가 그만큼 나이 들어서 그랬으리라. 근데 노모가 많이 편찮으시다. "아프니까 청춘이다"도 맞지만 "노인도 아프다!"

인문학의 출발은, 어린이다움을 되찾는 것

언필칭 인문학이 위기라고들 해쌓는다. 학자들은 학자들대로 정치꾼이나 장사꾼은 또 그들대로 입만 열면 인문학의 위기를 들먹인다. 그런 까닭에 기업에서도 유명 강사들을 모시고 인문학 강좌를 한다. 그런 영향을 받아 중고등학교나 도서관에서도 인문학 강의를 해 달라고 한다. 오만가지 앞뒤에 '인문학'을 붙이는 시절이다. 경영의 인문학, 인문학적 정치, 인문학식 관광… 이러다 인문학적으로 야구하기, 인문학적인 밥 먹기까지 나올 것 같다. 뭐든 속내도 모르고 모두가 그것에 환호하면 그땐 정말 위기다. 현 대통령은 문과계 학자와 문화계 인사들을 청와대로 불러 인문학의 위기 운운했단다. 이런저런 정황을 보니 인문학이 진짜 위기인 듯하다.

내가 생각하는 인문학은 첫째, 벌거벗은 임금을 보고 벌거벗었다고 말할 수 있는 동심을 갖추는 것이다(현상과 사실을 있는 그대로 꿰뚫어보는 것). 둘째로는 절대자나 힘에 기대지 않고 스스로 생각하고 실천할 수 있는 능력을 갖추는 것이다(너나 잘하세요). 그리고 셋째로는 자기 꼬라지를 아는 것이다(너 자신을 알라). 그런 게 인문학이라고 생각하는데, 요즘엔 아무 데나 인문학을 갖다 붙인다. 책 좀 보면, 말 좀 잘하면, 학력이나 세상의 지위가 높으면 저절로 인문학 수준도 높아질까? 문학, 철학, 사학, 사회학, 심리학, 정치학, 종교학 등이 저마다 수많은 이론을 갖다 붙이며 학문을 아주 어렵게 만들어 버린 것이 되레 사람들을 인문학에서 멀어지게 했는지 모른다.

과문한 탓인지 모르지만, 나는 인문학人文學에서 문文의 뜻을 단순히 '글월 문'만이 아니고, '무늬'나 '조화'의 뜻으로 알고 있다. 그러니까 내가 생각하는 인문학은 '사람人의 무늬'이거나 '사람 사이의 조화'이다. 근데 개나 소나 말이나 다들 어쩌고 저쩌고 하는 인문학은 사람의 무늬도 아니고 조화는 더더욱 아니다. 물론 개나 소나 말이 사람이 아닌 까닭도 있겠지만.

하여간 나는 인문학의 첫 걸음은 무엇보다도 '벌거벗은 임금님을 벌거벗었다고 말하는 것'이라고 여긴다. 그렇게 말하려면 아무 선입견도 없고, 이해관계가 없어야 한다. 어린이는 아무런 선입견이 없으며, 어린이 마음을 가진 이는 이해관계가 없다.

인문학도 유행이 있어 예전엔 '문사철' 정도였는데 이제는 '기업 인문학', '거리의 인문학' 등 잘도 붙이더니 '어린이 인문학'이

하여간 나는 인문학의 첫 걸음은 무엇보다도

'벌거벗은 임금님을 벌거벗었다고 말하는 것'이라고 여긴다.

그렇게 말하려면 아무 선입견도 없고, 이해관계가 없어야 한다.

어린이는 아무런 선입견이 없으며, 어린이 마음을 가진 이는 이해관계가 없다.

라는 말도 쓰인다. 어린이는 타고나기를 인문학자이며 시인인데 되레 그런 자질을 없애는 것을 성장했다고 생각하는 듯하다.

어른이 된다는 게 무얼까? 어른이 된다는 것은 경이로움과 호기심이 없어지는 것일 게다. 경이로움은 현상을 있는 그대로 볼 때 생기는 것이니까. 어른들은 절대로 있는 그대로 보지 않는다. 그래서 호기심도 없다. 아이들이 태어나 처음으로 배우는 말은 "엄마"이고 그 다음은 "왜?"란다. 난로에서 주전자 물이 끓고 있다. 아이는 쉬익쉬익 소리를 내며 주전자 뚜껑이 올라갔다 내려갔다 하는 게 신기해서 그걸 만지려 한다. 어른들은 기겁을 하며 말린다. 그때 아이는 눈을 동그랗게 뜨고 쳐다보며 천연덕스럽게 묻는다. "왜?"

어린이는 이처럼 질문을 통해 세계를 이해한다. 그러나 일일이 대답할 필요가 없다. 아이들은 천천히 자신의 성장 수준에 맞게 세상을 알아갈 것이므로. 그럼에도 어른들은 조바심을 내며 답을 가르쳐 주려 한다. 그게 치맛바람이 되어 쓸고 간 뒤 이제는 선행학습을 한다. 미리 답을 가르쳐 주고자 하는, 자상하기 그지없는 어른들의 배려일까?

어린이는 다 시인이라고 한다. 이는 아이들이 자신의 행동을 말로 쉽게 설명하지 못하기 때문에 가능한 것이다. 아이들은 행동하는 데 필요한 암묵지는 그런대로 따라주는데, 그 행동을 말로 설명하는 언어지는 발달하지 않은 상태다. 어찌 보면 아이들은 어휘가 부족하기 때문에 자신이 아는 모든 어휘를 동원하여 새로운 어휘를 만들어 내는지도 모른다. 거기서 오히려 창의력이 생긴다. 나이가 들면 언어지는 발달하지만 암묵지는 퇴화하기 때문에 창의성도 같이 뒷걸음질한다. 그래서 많이 알수록 시인 되기는 되레 어렵기도 한 것이다.

세상을 있는 그대로 보고 경이로움을 느끼는 동심, 새로운 어휘와 세계를 창조할 줄 아는 동심, 이런 동심을 회복해야 인문학도 살아날 것이다. 인문학을 살리고 싶다면 어린이다움을 먼저 되찾으시라.

슬픈 진도

실증적 연구와 관찰로 문명과 야만을 가르는 기준을 통렬히 비판한 레비스트로스. 그의 대표 저작물 가운데 하나인 『슬픈 열대』의 명명법을 따르자면 진도는 시방 '슬픈 진도'다. 대한민국에서 슬픈 곳이 진도뿐이랴만….

세월호 참사 때문에 진도 사람들은 지금 대부분 공황에 빠져 있다. 300명이 넘는 목숨들을 품은 세월호가 가라앉은 조도면 일대의 주민들은 갯것 채취나 고기잡이를 비롯한 어장 관리를 한 달 넘게 포기해야 했다. 진도 본토의 사람들 역시 전국에서 몰려든 사람들의 뒤치다꺼리를 군말 없이 해야 했다. 혹시라도 유가족의 상처에 소금을 뿌리는 격이 될까 봐 큰 소리도 안 내고 웃지도 않아야 했다. 게다가 멀쩡히 살아 있다는 죄책감은 상당하다. 관광객의 발길이 끊어진 것 정도는 자식 잃은 것에 비하면 아무것도 아니어서, 생업을 못 해도 그러련 해야 한다.

내 고향 진도, 사람보다 개가 더 유명해 고향이 진도라고 하면 대부분 진돗개를 떠올리며 개의 안부를 묻는다. 근데 이젠 세월호를 떠올리고 세월호의 안부를 묻는다. 하지만 세월호의 안부에 대해선 슬픈 소식 말곤 전할 게 없다. 슬프고 슬픈지고!

진도는 이미 〈진도아리랑〉 속에 '아리고 쓰린' 마음을 담고 있는지 모른다. 〈진도아리랑〉의 후렴구를 보면 "아리 아리랑, 쓰리 쓰리랑"이라고 노래한다. 물론 이 후렴구를 두고 여러 가지 해석이 가능하다. 순하게 발음하여 "스리 스리랑"으로 노래하기도 하고, "서리 서리랑"으로 부르기도 한다. 하지만 지금 시점에선 자꾸만 '아리고 쓰린' 마음 때문에 그런 후렴구가 붙지 않았나 싶다. 지나친 억측 내지는 견강부회인지 모르지만, 그럴 거라고 강변해 본다. 세월호와 함께 바다 속에 가라앉은 목숨들을 보니 더욱 그런 생각이 든다.

〈진도아리랑〉의 가사에는 "세월아 네월아 오고가지를 마라, 아까운 내 청춘이 다 늙어간다"라는 구절이 있다. 가사에서 말하는 세월과 세월호는 한자를 달리 쓰지만 음은 같다. 하여튼 세월호에선 아까운 청춘들이 늙어가는 정도가 아니라 죽어버렸다….

필자는 사반세기 전, 고향 진도의 사람과 풍물을 그린 연작시집 『진도아리랑』을 썼다. 그때 쓴 시에 이런 구절이 있다. "영민이는 끝내/ 돌아오지 못하고/ 영민이 떠나던 포구에/ 씻김굿 한바탕/ 대끝만 흔들거렸다." 이제 세월호 청춘들을 위해 씻김굿을 해

필자가 고향 진도의 사람과 풍물을 그린 연작시집 『진도아리랑』에 이런 구절이 있다. “영민이는 끝내/ 돌아오지 못하고/ 영민이 떠나던 포구에/ 씻김굿 한바탕/ 대끝만 흔들거렸다.” 이제 세월호 청춘들을 위해 씻김굿을 해야 하는가? 남은 이들에게 할 일이 씻김굿밖에 없는가?

야 하는가? 남은 이들에게 할 일이 씻김굿밖에 없는가?

익히 알려진 대로 진도엔 씻김굿이 성하다. 사방이 바다라서 배 타고 나갔다가 목숨을 잃은 이들이 많기도 했고, 고려말 이후 왜구들이 늘 출몰하여 주민들의 목숨을 많이 해쳤다. 그때마다 살아남은 사람들은 씻김굿을 해서 제 명에 못 죽은 이들의 영혼을 달래 주는 의식을 치렀을 거라고 추측한다.

사실, 명을 다 채우고 죽었다 해도 슬프지 않은 죽음은 없다. 씻김굿이 처음엔 억울하게 죽은 이들의 영혼을 달래느라 시작되었겠지만 차츰 죽은 사람이면 누구든 '씻겨 주는' 상례 내지 제례 의식으로 자리 잡았을 것이다. 그래서 오래전 할머니가 돌아가셨을 때는 물론 몇 해 전 아버지가 세상을 떠나셨을 때도 씻김굿을 했다. 근데 그 씻김굿 가운데 바다에 빠져 죽은 이의 영혼을 달랠 땐 특히 넋건지기굿을 한다.

넋건지기굿…. 할머니 생전에 바다에서 살아오지 못한 마을 사람을 위해 바닷가에서 이 굿을 하였는데, 대나무를 잡은 할머니한테 바다에서 죽은 마을 사람의 영혼이 실려 할머니가 며칠 동안 꼼짝 못하고 앓은 적이 있었다. 설마 바다에서 한꺼번에 이렇게 많은 이들이 목숨을 잃을 것을 예감하고 진도에서 씻김굿이 성하진 않았을 것이지만 세월호가 진도 바다에서 침몰한 게 예사롭지 않은 것 같아 자꾸만 몸이 떨린다.

진짜 씻김굿은 죽은 이의 영혼을 극락으로 인도하는 것만이 아니라, 이 땅이 진정 극락이 되도록 살아 있는 이들을 잘 위무하는 것일 터다. 그럼에도 씻김굿이 필요 없을 정도로 이 땅에 살고 있는 사람들이 억울한 일을 안 당했으면 좋겠다. 사는 동안 억울한 일을 안 당하는 것은 물론 억울하게 죽는 일도 없어야 하는 것은 더 말할 나위도 없으리….

서러운 자에게 또 눈물을

— 세월호 사건 2주기 되는 날인 2016년 4월 16일. 부여에 있는 신동엽문학관이 주최한 고교생 백일장의 심사를 했다. 전국에서 모여든 400여 젊은 문사들이 저마다 글솜씨를 뽐냈다. 백일장이 끝나고 심사를 하기 시작하자 아이들이 글을 쓰는 동안 참았던 비가 추적추적 내리기 시작했다. 추모의 비로 느껴졌다.

백일장의 글제는 1. 빛나는 눈동자 2. 서러운 자에게 또 눈물을 3. 금강이었다. 세월호 2주기여서 그랬는지 백일장 작품의 많은 내용이 세월호에 관한 것이었다. 그 외에 아버지와 관련하여 비정규직 등의 사회 문제를 다룬 것도 많았다. 그리고 대부분의 국민들이 반대한 4대강 사업의 대상이 된 금강도 있었다. 심사를 하는 동안 고등학생들의 사회를 보는 눈이 상당히 정확하다는 것을 확인했다.

내 고향 진도 앞바다에 수장된 아이들…. 그들의 넋이라도 건

세월호 사건 2주기 되는 날인 2016년 4월 16일.

신동엽문학관이 주최한 고교생 백일장의 심사를 했다.

백일장이 끝나고 심사를 하기 시작하자 아이들이 글을 쓰는 동안

참았던 비가 추적추적 내리기 시작했다.

벌써 2년이 지났지만 백일장에 온 아이들은

세월호의 비극을 잊지 않고 글로 써냈다.

져 주어야 할 듯해서 청소년 소설 속에 '넋건지기굿'을 바꿔 묘사하기도 했다. 소설 속에서나마 아이들의 넋을 건지고 싶은데, 벌써 2년이 지났다. 그나마 다행인 건 백일장에 온 아이들 대부분도 세월호의 비극을 잊지 않고 기억하고 있다는 것이다.

신동엽 시인은 4월을 두고 "껍데기만 가라"고 하지 않았다. 아예 "사월은 갈아엎는 달"이라며 환골탈태를 부르짖었다. 몇십 년 전의 시가 시대와 상황을 달리하여 지금도 현재성을 가지고 있다는 건 어쩌면 불행한 일이리라.

(전략)
아, 죄 없이 눈만 큰 어린것들

미치고 싶었다
사월이 오면
산천은 껍질을 찢고
속잎은 돋아나는데,
사월이 오면
내 가슴에도 속잎은 돋아나고 있는데,
우리네 조국에도
어느 머언 심저, 분명
새로운 속잎은 돋아오고 있는데
미치고 싶었다

사월이 오면
곰나루서 피 터진 동학의 함성
광화문서 목 터진 사월의 승리여

강산을 덮어, 화창한
진달래는 피어나는데
출렁이는 네 가슴만 남겨놓고, 갈아엎었으면
이 균스러운 부패와 향락의 불야성 갈아엎었으면
갈아엎은 한강연안에다
보리를 뿌리면
비단처럼 물결칠, 아 푸른 보리밭

강산을 덮어 화창한 진달래는 피어나는데
그날이 오기까지는, 사월은 갈아엎는 달
그날이 오기까지는, 사월은 일어서는 달

– 신동엽, 「사월은 갈아엎는 달」

그날은 어떤 모습으로 언제 오려나. 그날 일어서기 위해선 끊임없이 갈아엎어야 할 것이다.

학번이 어떻게 되시나요

— 어떤 모임에서 다들 대학 입학년도를 대며 내 학번을 물어왔다. 나는 쌍칠년도에 대학에 입학했다. 다시 말해 77학번. 그러나 평소엔 내가 대학을 다녔다는 사실을 잊고 산다. 우리 또래 가운데 대학을 다닌 이가 많지 않아서다. 그러나 그 시절에도 국민학교(초등학교)는 거의 다녔다. 그래서 오래전부터 내 학번은 65학번이라 한다. 그러면 그렇게 나이가 많으냐며 놀라는 표정들이다.

그 당시 대학에 안 간 사람은 많았지만 의무교육인 국민학교에 안 다닌 사람은 거의 없었다. 거개가 다 갔다. 게다가 최소한 국민학교는 나와야 된다는 생각도 있었다. 그래서 학번을 묻는 의도를 알면서도 굳이 국민학교 입학년도인 1965년도를 떠올리며 65학번이라고 말한다.

내 국민학교 동창들 가운데엔 나이가 나보다 한 살에서 두세 살까지 더 먹은 이들이 많다. 동생이 태어나 아이를 돌보다가, 소꼴 먹이거나 농사일을 돕다가 학교에 늦게 들어 온 아이들이 많아서였다. 그래도 지금까지 벗으로 지내는 데 어려움이 없다.

학번에 대한 사람들의 집착은 집요했다. 그 자리의 사람들은 이름이 많이 알려진 만화가에게도 학번을 물었다. 그는 대학을 안 다녀서 학번이 없다고 했다. 그런데도 다른 사람이 또 물었다. 그는 처음엔 웃는 낯으로 자신은 대학을 안 다녔다고 정중하게 말했지만, 다른 사람이 또 묻자 중학교까지밖에 안 다녀서 그때 기억이 가장 강하다며 중학교 다닐 때 날마다 걸었던 바닷길이며 들녘에 대해 이야기했다. 사람들은 그런 얘기에 대해선 아무런 관심도 가지지 않았다.

사람들은 왜 학번에 집착을 할까? 그건 아마도 대학 다닌 것만이 자기 인생을 나타내 주기 때문일 것이다. 지금 무슨 일을 하고 있는지, 그런 건 관심도 없다. 오로지 대학을 다녔는가 아닌가를 따진다. 학벌지상주의, 망국병이다. 사실 대학은 이미 '학문의 전당'이 아니다. 대학은 더 이상 조용히 들어앉아 연구나 하던 '상아탑'이 아니고, 오로지 '직업학교'일 뿐이다. 학번을 묻는 건 어쩌면 언제 그 직업학교에 들어갔느냐는 얘기일 것이다.

전태일은 자신에게 대학생 친구가 한 명 있었으면 좋겠다고 했다. 그 시절엔 그 정도로 대학생이 귀했다. 그런데 지금은 너나나나 다 대학에 간다. 그래서 당연히 대학 입학년도가 학번이다. 그러나 나는 오래된 사람이라(어디를 가나 이젠 나이가 좀 든 축에 속

하더라! 인정하기 싫어도 어쩔 수 없는 현실) 국민학교 입학년도가 더 좋다. 어쨌든 65학번!

지금은 고등학교 졸업생의 80퍼센트 이상이 대학에 진학한다. 대학의 대중화가 실현되었다. 그런데 누구나 다 가는 대학, 오히려 안 가면 안 될까? 개나 소나 다 가니까 다녀 두어야 한다고? 그러면 스스로 개나 소가 되는 격이다. 내 생각엔 중고등학교 때 일찌감치 재능을 발견하거나, 하고 싶은 일을 발견했으면 굳이 대학을 안 가도 무방할 것 같다. 대학을 가는 목적이 직업을 얻기 위해서라면…. 그런데 대한민국 사회에선 학번 때문에 대학을 다녀야 할 성싶다. 대학 입학년도가 나이를 가늠하는 척도로 작용하기도 하니 대학을 안 다닐 수 있겠는가.

나이 차를 잊고 나이 많은 사람이 나이 어린 사람을 벗으로 사귀는 것을 망년지우, 혹은 망년우라 한다. 대표적인 망년우는 조선 시대 사람으로 스스로 간서치(책만 보는 바보)라 칭하며 책과 벗을 두루 사귄 이덕무다. 이덕무는 일곱 살 아래인 유득공과 허물없이 지냈으며, 열세 살이나 어린 이서구와도 거리낌 없이 어울렸다. 이덕무가 늘 애틋하게 여기며 가까이 지낸 망년우 가운데 한 사람인 박제가는 그보다 아홉 살이나 어렸다. 지금 활동하는 글쟁이들 가운데도 망년우임을 드러내놓은 이들이 많다. 특히 소설가 현기영은 열일고여덟 살 아래인 시인 이재무나 박철 등과 격의 없이 지내는 것으로 유명하다.

흔히 하는 말로 객지에서 열 살 정도 차이는 묻지도 말고 알려고도 하지 말고 그냥 벗으로 대한다고 했다. 굳이 나이를 따져 가며 벗을 사귀어야 할 하등의 이유가 없어서일 것이다. 그런데 그 나이가 대학과 결부되고 보니, 학번을 물어봄으로써 넌지시 나이를 알아내려고 한다. 새로운 장유유서 정립 차원일까? 어쨌든 맘에 안 드는 세상!

귀중한 내 새끼가 타고 있어요

— 생활 문제나 정치 문제에 있어 제법 의식 있다 하는 이들도 자식 문제를 맞닥뜨리면 앞뒤가 없다. 자식 앞에선 보수고 진보고 없다. 오로지 자기 자식이 잘 되기만을 바란다. 자식 이기는 부모가 없어서일까? 얼마 전 차를 타고 가는데 앞차 뒤 유리창에 붙은 문구가 쓴웃음을 짓게 했다. "귀중한 내 새끼가 타고 있어요!" 그래, 자기 자식은 다 귀중하겠지. 그러면 남의 새끼는 안 귀중한가?

자립형사립고, 즉 '자사고' 문제로 시끄럽다. 이른바 자사고가 공부 좀 하는 중학생을 다 빨아들여 버려 일반고의 교실 붕괴가 촉진되는 탓이다. 그것 말고도 자사고가 지니고 있는 여러 문제에 대한 비판이 많다. 그러기에 많은 사람들이 차라리 자사고를 없애자고 말한다. 이런 차원에서 서울시 교육감이 자사고 폐지를 언급하자 자사고 학생의 학부모들이 거세게 항의를 했다. 이에 서울시 교육감은 일반고에서도 서울대에 가게 하겠다며 한 발짝 뒤로 물러나야 했다. 경기도 교육감은 자사고 지정 취소 결정에 대해 교육부 방침을 존중할 것이라고 일찌감치 말을 해 두었다.

그런데 대학이 교육 정책의 전부일까? 그중에서도 서울대 입시가 그렇게 중요할까? (학교 관계자들은 중요하다고 말한다. 서울대 입시가 다른 대학의 '기준'이 된다며.) 고교 졸업생의 8할 이상이 대학에 진학하고 대학을 나와도 취직하기가 쉽지 않다. 그런 세상인데 고등학생들의 목표가 대학 가는 것이고, 그중에서도 서울대에 진학하는 것이 최상의 목표여서야 되겠는가?

내 주변을 둘러보면 서울대를 다닌 이도 있고, '하마터면' 서울대를 다닐 뻔한 이도 있고, 서울대 아닌 다른 대학을 다닌 이도 있고, 서울대는커녕 대학이라곤 문턱도 안 밟아본 이도 있다. 그런데 나들 자기 깜냥껏 잘 산다. 이 사회의 다양한 구성원으로서 말이다. 그런데 간혹 이럴 줄 알았으면 서울대 다닐 걸 하며, '하마터면' 서울대 다닐 뻔한 이들이 고개를 갸우뚱거리기도 하는 현실이 슬프다. 많이!

일본 식민지 시대엔 일본 제국주의의 틀에 갇혀 있고 해방 후엔 미국식 자본주의의 틀에 갇혀 있었다. 그런데 지금은 너나없이 다들 서울대 틀에 갇혀 있다. 일반고에서도 서울대에 가는 학생이 나오게 하겠다는 발상을 보라. 그렇다면 고등학교의 존재 이유는 오로지 서울대 진학만일까? 다들 제정신이 아닌 것 같다. 제정신이 아닌 게 대학 입시 뿐이랴만….

서구에서 학교가 처음 생길 때 다들 좋아했다고 한다.

학교 하나가 생기면 감옥이 하나 줄어들 것이라 생각해서다.

그런데 학교가 하나 생기면 감옥도 하나 더 생겼다고 한다.

학자들은 '왜 그렇지?' 하고 고민했단다.

지금 대한민국의 고등학교도 아예 감옥 같다.

혹자는 고등학교를 '창살 없는 감옥'이라고도 한다.

고등학교 교육이 대학 입시 위주에서 다양한 삶을 누릴 수 있는 쪽으로 진즉 바뀌었다면 우리 사회의 모습이 지금 같지는 않을 것이다. 대학 입시 교육은 오로지 하나로 규정된 정답만을 찾는 교육이다. 그런데 삶은 정답 찾기가 아니다. 살아 보니, 삶은 정답보다는 질문으로 구성되어 있다. 이게 나만의 생각일까?

모두들 목소리를 합쳐 오로지 '대학! 대학!'만 부르짖었기에 지금 여기저기서 온갖 불합리한 모습들이 고개를 내민다. 대학을 잘 가려면 교과서와 거기에 따르는 참고서를 잘 외워야 한다. 교과서와 참고서는 하나의 정답만을 일러 준다. '어린 청춘'인 고등학생들은 대학 입시를 위한 정답 찾기 책만 읽을 게 아니라 다양한 삶의 모습을 느낄 수 있고, 여러 가지 생각을 할 수 있는 책도 같이 읽어야 한다. 그러기 위해선 그들을 입시 전쟁에 마구잡이로 내몰아선 안 된다.

그 옛날 우리의 4·19를 떠올려 보자. 그리고 프랑스의 68혁명 때 역할이 컸던 고등학생들을 생각해 보자. 그 나이 때도 나름대로 생각을 하며 살고 있다. 그런데 지금 고등학교는 학생들로 하여금 생각을 못 하게 한다. 하나의 정답 찾기만을 강요한다. 어린 청춘들로 하여금 생각을 하고 살게 하자. 생각이 곧 질문이다!

서구에서 학교가 처음 생길 때 나들 좋아했다고 한다. 학교 하나가 생기면 감옥이 하나 줄어들 것이라 생각해서다. 그런데 학교가 하나 생기면 감옥도 하나 더 생겼다고 한다. 학자들은 '왜 그렇지?' 하고 고민했단다. 학교가 항상 바람직한 건 아니다. 그렇다고 학교의 효용을 부정하는 것도 아니다. 그런데 지금 대한민국의 고등학교는 좀(상당히 많이!) 부정해야 한다. 우리의 고등학교는 학교가 아예 감옥 같다. 혹자는 고등학교를 '창살 없는 감옥'이라고도 한다.

오래전 어떤 가수가 불렀고 나중에 가수 현철과 나훈아가 다시 노래한 "청춘을 돌려다오" 정도가 아니라 "고등학교를 돌려다오!"다.

화천 가는 길

얼마 전 강원도 화천군 관내에 있는 한 학교를 강연차 다녀왔다. 구불구불한 산악지대 특유의 길을 조심스레 가다보니 춘천 어디쯤 지날 때 ○○○보충대 정문이 보였다. 며칠 전 그 보충대로 집결한다고 한 조카가 떠올랐다. 화천의 학교에 도착해서 조카의 아버지인 막내 동생에게 전화했더니 거기서 모인 뒤 양구의 한 훈련소로 갔다고 한다.

내비게이션이 알려 주는 대로 화천 가는 길을 계속 달리면서 보니, 길가에 온통 군부대 초소였다. 이윽고 38선이라는 표지판을 지나 화천에 다다랐다. 30년도 더 전에 바로 아래 동생이 거기서 군 생활을 해 면회를 간 적이 있는 동네도 지나갔다. 그때에 비해 길이 포장되고 여러 갈래로 나뉘어져 있다는 걸 어렵지 않게 알 수 있었다.

군대에서의 폭행을 떠올리니 먹먹해진다.

군대에서 맞아 죽은 윤일병의 초기 사인은 "떡 먹다가 기도에 걸린 것"이었다.

이는 80년대에 치안본부 대공분실로 끌려가 고문을 받다가 죽은

서울대생 박종철을 떠올리게 한다.

그때 고문수사관들은 "탁 치니 억하고 죽었다"고 발표했다.

초소와 운동장에 있는 어린 군인들을 보자 가슴이 싸해졌다. 저 안에 있으면 사회가 얼마나 그리울까. 3, 40여 년 전엔 우리 세대가 마지막으로 군대에 갈 줄 알았다. 그래서 초등학교에 들어갈락 말락 했던 어린 사촌 동생들 보고는 "너희들 클 때는 통일되어서 군대에 안 갈 거야."라고 얘기하곤 했다. 그런데 사촌 동생들이 학교를 마친 뒤 군대를 다녀와 생업에 종사하자 이젠 조카들이 하나둘씩 군대에 간다. 통일은 여전히 요원하고….

군대에서의 폭행을 떠올리니 먹먹해진다. 군대에서 맞아 죽은 윤일병의 초기 사인은 "떡 먹다가 기도에 걸린 것"이었다. 이는 80년대에 치안본부 대공분실로 끌려가 고문을 받다가 죽은 서울대생 박종철을 떠올리게 한다. 그때 고문수사관들은 "탁 치니 억하고 죽었다"고 발표했다. 그때나 지금이나 세상은 변하지 않은 것인가?

이른바 '윤일병 사건'에서 재판부는 단번에 알아먹기 힘든 말도 했다. "살인의 미필적 고의를 인정하기에는 합리적 의심이 없는 증명에 이르렀다고 보기는 힘들다." 무슨 말이지? 말이 배배 꼬였다. 배배 꼬인 말은 허튼 소리다. 나는 문학 지망생들에게 비문이나 악문도 뜻은 헤아릴 수 있지만 그렇게 쓰면 독자로 하여금 이해해 달라는 얘기여서 좋은 글이 아니라고 가르친다. 재판부의 말도 억지로 이해는 하지만 '말'인지 '막걸리'인지 도대체 잘 모르겠다. 가해자인 상급자들은 징역 45년, 30년, 25년 등의 형량을 선고받았단다. 물론 이도 무거운 형량이다. 그러나 사람 죽인 죄에 비할까.

화천 가는 길 내내 철조망으로, 담으로 둘러쳐진 부대가 이어졌다. 그리고 부대 안에 있는 좁은 막사…. 거기서 청춘의 한때를 보내자니 얼마나 답답하고 억울하게 느껴질까? 쥐도 가두어 놓은 쥐는 풀어 놓은 쥐보다 스트레스를 훨씬 더 받아 더 빨리 죽는다고 한다. 사람은 쥐보다 더할 텐데 말이다.

청소년일 때엔 감옥 같은 학교에 다녀야 하고, 청소년기가 지나면 다시 감옥 같은 군대를 가야 한다. 군대를 마치고 나면 감옥 같은 사회가 기다린다. 그래서 젊은이들은 이런 대한민국을 '헬조선'이라고 한단다. 대한민국이 지옥이라는 얘기다.

스승의날 단상

얼마 전 스승의날에, 내 강의를 듣는 글쓰기 반 학생들이 강의실에서 〈스승의 은혜〉를 불러 주었다. 학생들 대부분이 나보다 나이가 많은 어르신들이라 무척 쑥스러웠다. 내가 좋은 '스승' 노릇을 하고 있는가 하는 의문이 들어서였다.

초등학교 시절부터 대학까지 학교를 꽤 많이 다녔는데 나는 그다지 존경할 만한 스승이 없다. 참으로 불행한 일이다. 그래서 나는 좋은 훈장이 되어야겠다는 자세로 살지만 평가는 학생들이 하는지라, 늘 '글쎄올시다'이다.

내가 생각하는 좋은 선생이란 학생 자신도 모르는 재능을 발견해 주고 부추겨 주는 사람이다. 부모는 대부분 자기 자식에게 반해 있거나 부모 자신의 욕망을 자식에게 뒤집어씌우고 있어 자식과 객관적 거리를 유지하기가 어렵다. 그래서 선생의 말 한 마디에 따라

학생의 삶이 달라진다.

십수 년 전에 감옥에서 탈옥하여 2년 반이나 세상을 휘젓고 다닌 신창원이라는 무기수가 있었다. 그를 잡기 위해 연인원 수천 명, 아니 수만 명의 경찰이 동원되기도 하고 그 와중에 60여 명 가까운 경찰이 문책을 당해 신창원은 '경찰청 인사과장'이라 불리기도 했다.

신창원이 한 말 가운데 가슴을 치는 대목이 있다. 초등학교 때 선생님이 한 번만이라도 "너 착한 놈이야"라고 머리만 쓰다듬어 주었으면 범죄자가 되지 않았으리라고 회한의 변을 내뱉었다. 그런데 누구도 그러지 않았다. 되레 한 술 더 뜬 선생님도 있었다. 신창원이 5학년 때인가 담임 선생님은 육성회비를 못 가져온 그에게 "요 쌍놈의 새끼. 돈도 안 가져왔으면서 학교는 뭐하러 왔어! 빨리 꺼져!"라고 소리를 질러댔다. 그는 그때부터 마음속에 악마가 자라게 되었다고 회고했다.

신창원보다 더한 환경에서도 잘 자란 사람이 있다고 강변할 일도 아니고, 개인의 심성 탓이지 선생 탓이냐고 비아냥거릴 일도 아니다. 그냥 그만큼 선생의 자리가 위중하다는 것이다. 선생은 남의 삶에 엄청난 영향을 끼치기에, 좋은 선생도 있다는 얘기를 쉽게 할 일이 아니다.

평생 초등학교에 계셨던 선친은 생전에 "선생 똥은 개도 안 먹는다"고 늘 말씀하셨다. 개도 안 먹을 정도로 선생 똥은 영양가가 없다는 뜻이란다. 선생은 학생들 걱정으로 늘 노심초사해야 하기에. 선친에게서 귀에 박히게 들은 다른 말은 "다른 직업도 마찬가지지만 특히 선생은 사명감 없으면 하지 말아야 한다"였다. 나는 늘 돌아본다. 그 말씀에 맞게 살고 있는지를. 또 선친은 "선생과 거지는 사흘만 견디면 평생 한다"고도 했다. 이 말은 적응만 하면 선생이나 거지나 똑같이 할 만하다는 것이며, 생각 없이 지내는 자가 많다는 얘기였다.

필리버스터와 판소리, 후렴이 있어야 더 빛나는

— 2016년 2월 23일부터 3월2일까지, 정부 여당이 밀어붙였던 '테러방지법' 제정을 앞두고 야당 국회의원들이 시작한 필리버스터. 우리말로 하자면 '무제한 토론' 내지 '제한 없는 발언' 정도 될 터이다. '의사진행 지연'이니 '의사진행 방해'니 하는 것은 필리버스터의 부정성을 부각시키기 위한 강자들의 말일 것이고….

오래전, 유신시대였던 중학교 시절에 이 말을 처음 알았다. 당시 사회과목인 '공민' 교과서에 이 말이 있었다. 멋대로 선거구를 줄긋는 게리맨더링과 함께. 몇십 년이 지나 이 말을 다시 들을 줄이야! 이 말을 듣는 순간 판소리 완창이 떠올랐다.

판소리가 얼마나 긴가? 사람에 따라 다르겠지만, 춘향가나 심청가 완창을 하려면 여덟 시간 내지 아홉 시간이 필요하단다. 다른 판소리도 기본적으로 서너 시간이 필요하고. 그때 소리꾼은 오

민주주의는 말 그대로 '민民', 즉 백성이 주인이다.

국회의원은 백성의 대변인이다.

그들이 필리버스터에 나서서 몇 시간씩 말을 내뱉었다는 건

그들의 주인인 백성이 그만큼 할 말이 많다는 것일 터.

로지 물만 마시며 혼자서 공연을 감당한다. 물 마시는 것도 고수가 눈치껏 너스레를 떨며 마시게 한다. "입 마르제. 물 한 잔 먹고 혀!" 하면서. 한민족 유전자 속엔 오랜 시간 동안 공연할 수 있는 판소리 소리꾼의 기질이 있는 것은 아닐까 늘 생각했다.

어렸을 대 들은 얘기가 떠오른다. 70년대 어느 때 국제 민속 축제인지 뭔지 하는 게 파리에서 열렸단다. 그때 소리꾼 김소희 명창이 〈춘향가〉를 아홉 시간인가 불러서 관객들을 질리게 했다는 것이다. 관객들은 오줌도 누러 못 가고 꼼짝없이 자리에 앉아 있어야 했다고. 어쩌면 관객들은 서서 노래 부르는 사람에 비하면 앉아 있는 건 그래도 수월한 편이다 했는지 모른다.

〈진도아리랑〉의 사설은 1000절이 넘는 것으로 알려져 있다. 농경 사회이던 70년대까지도 계속 가사가 생겨났기에 집계가 불가능하지만…. 후렴까지 하자면 아마도 끝이 없을 것이다. 관객들은 가사가 끝날 때마다 후렴을 함께 한다. 그러자면 언제 끝날지 모른다. 필리버스터에 나선 의원들에게 대다수 국민들은 열렬히 응원했다. 의원들이 소리를 하면 국민들은 고수 역할을 하고, 의원들이 아리랑을 부르면 국민들이 후렴을 부른 게 아닐까?

민주주의는 말 그대로 '민民', 즉 백성이 주인이다. 국회의원은 백성의 대변인이다. 그들이 필리버스터에 나서서 몇 시간씩 말을 내뱉었다는 건 그들의 주인인 백성이 그만큼 할 말이 많다는 것일터. 국회의원은 백성이 할 말을 대신하느라 몇 시간씩 단상에서 지내야 했다. 그들 뒤엔 백성들이 버티고 있어 외롭지 않았을 것이다.

좋아하는 음식만 먹는 것과 좋아하는 책만 읽는 것

편독, 즉 좋아하는 책만 읽는 건 나쁜 걸까? 편독이라는 말은 왜 생겼을까? 편독이라는 말은 좋아하는 음식만 먹는 걸 '편식'이라 한 데서 비롯된 말인 듯하다. 음식을 골고루 먹어야 영양소를 고루 섭취하게 되어 건강한 몸을 유지할 수 있다. 그렇지만 책은 굳이 골고루 읽을 필요가 없다고 생각한다. 좋아하는 노래가 있으면 계속 그 노래를 듣는 이가 많다. 농구를 좋아하는 이는 하루 종일 농구를 해도 지치지 않는다. 그렇다면 책도 마찬가지 아닐까? 자기가 좋아하는 책만 읽어도 무방하다는 게 내 생각이다.

나는 이 나이가 되도록 사는 동안 편독이 문제 될 정도로 책에 빠진 사람을 본 적이 없다. 그런데 사람들은 아주 당연하게 편독의 문제를 말한다. 왜 그럴까? 편식과 마찬가지로 책도 자기가 좋아하는 것만 읽으면 정신 건강에 나쁜 영향을 주리라는 선입견이

김은하의 『독서교육 어떻게 할까?』에 따르면 독서교육계에는 '편독'에 해당하는 학술용어가 아예 없다고 한다. 아마도 편독에 대한 걱정은 학습에 도움이 되는 책을 읽어야 한다는 강박이 작용했을 것이라고 말한다. 그는 최근에 독서에 대한 여러 실험을 해본 결과물로 『처음 시작하는 독서동아리』를 세상에 내놓았다.

작용하지 않았을까?

이런 내 생각이 틀리지 않았다는 근거를 오래전에 김은하의 『독서교육, 어떻게 할까?』(학교도서관저널, 2014)에서 건져 내고선 무릎을 탁 친 적이 있다. 그에 따르면 독서교육계에는 '편독'에 해당하는 학술용어가 아예 없다고 한다. 아마도 편독에 대한 걱정은 학습에 도움이 되는 책을 읽어야 한다는 강박이 작용했을 것이라고 말한다. 그가 이번엔 『처음 시작하는 독서동아리』(학교도서관저널, 2016)이라는 책을 내놨다.

책을 하찮게 여기는 시대이기에, 역설적으로 그러기에 더욱더 책을 읽어야 하는 시대이기도 하다. 가정 독서 모임을 비롯 이런 저런 독서 모임이 많다. 중학교에선 자유학기제가 실시되어 교과서 밖의 책을 읽을 기회가 더 많아졌다. 작년에 자유학기제를 시범적으로 행한 몇몇 학교와 도서관에선 이미 '진로 탐방'과 '독서교육'을 명분으로 내 작업실을 방문하기도 했다. 내가 그런 기회에 늘 하는 말은 "나쁜 책은 없다"이다. 나쁜 책은 없으니까 아무런 책이나 자기가 좋아하는 책을 읽자고 말한다. 나쁜 책도 최소한 '반면교사' 역할은 할 거라 여기면서!

『처음 시작하는 독서동아리』는 자유학기제를 맞아 고심하는 교사와 학생들에게 독서를 어떻게 해야 하는지 구체적인 방법을 제시해 준다. 지은이는 독서에 대해 이런저런 실험을 많이 해본 듯하다.

근로자의 날?
노동절!

'작가와의 대화'를 하기 위해 서울을 빠져나가는데 길이 너무 막혀 하마터면 늦을 뻔했다. 토요일이라 길이 막힐 거라는 생각에 아침 일찍 나섰기에 그나마 시간을 맞출 수 있었다. 그런데 길이 여느 때의 토요일 정도가 아니었다. 5월 1일 노동절부터 쉬기 시작한 사람들이 죄다 밖으로 나온 탓에 찻길이 거의 주차장이었다. 차는 10분 이상 서 있고 겨우 10초 정도 움직였다.

우리는 노동절을 '근로자의 날'이라 부른다. 근로자의 날이라 부르니까 자연히 '근로소득 원천징수 영수증', '갑종 근로세' 등 여기저기에 '근로'라는 말이 횡행한다. 그 옛날 5·16 군사반란 이후 '노동자'란 말이 '근로자'로 바뀐 탓이다. '근로자의 날'이 공식적인 공휴일은 아니지만 노동자들이 아닌 근로자들이 하루 쉰 직장이 많았다. 명칭 따위야 아무러면 어떠냐며 하루 쉬는 게 중요하지 그러면서 다들 고마워한다. 말을 바로 잡지 않으면 어느새 말이 사람을 지배하는데도 아랑곳하지 않는다.

'근로자'는 아무 생각 없이 자본주의의 노예가 되어 근면 성실하게 일만 하는 노동자를 뜻한다. '노동자'는 자본주의의 모순에 대해 늘 자각을 하면서 일을 하는 사람을 뜻하고. 똑같이 일을 하는 사람을 뜻하지만 노예로 생각 없이 일을 하느냐, 주체가 되어 생각하며 사느냐 하는 차이가 진다. 당연히 자본가나 지배꾼들은 근로자가 좋다. 뭐든 그들이 말한 대로 '예, 예' 하는 존재일 테니까.

5·16 군사반란을 '혁명'으로 여기는 자들이 많고, 원조 사기꾼 대통령 이승만을 '국부'로 하자는 사회에 살고 있다. 조금만 생각해보면 알 수 있는 일이 노골적으로 벌어지고, 말 같지 않은 말이 통용되고 있다. 근데 말 같지 않은 말도 자주 들먹이면 그럴싸한 말이 되고 만다. 그래서 정치꾼들은 말 같지 않은 말을 자주 들이민다. 처음엔 긴가민가 해쌓던 사람들도 어느새 세뇌당하고….

말이 제자리를 잡고 있어야 인간의 삶도 사회도 정치도 제대로 서련만, 말이 어지럽다. 말을 묘하게 비트는 건 예사고, 아예 한 걸음 더 나아가 영어로 모든 것을 표기하기도 한다. 아파트 이름은 이미 영어 또는 영어식 표현이 당연한 것처럼 되었고, 이제는 은행이나 국영기업도 영어를 못 써서 안달이다. 국민은행이 KB가 되고 외환은행이 KEB가 되고 농협이 NH가 되고 새마을금고가 MG가 되고 기업은행이 IBK가 되는 것을 보니 은행 고객은 아무래도 양인들이 많이 들락거리는 모양이라고 짐작할 수밖에 없다.

'근로자'는 아무 생각 없이 자본주의의 노예가 되어
근면 성실하게 일만 하는 노동자를 뜻한다.
'노동자'는 자본주의의 모순에 대해 늘 자각을 하면서 일을 하는 사람을 뜻하고,
똑같이 일을 하는 사람을 뜻하지만 노예로 생각 없이 일을 하느냐,
주체가 되어 생각하며 사느냐 하는 차이가 진다.

나아가 철도공사가 KORAIL이 된 걸 보면 기차는 양인들이 많이 타는 모양이라고 생각할 수밖에 없다. 또 아내를 '와이프'라고 하는 이들이 많은 걸 보면 양인 아내와 살고 싶어 하는 사람도 많다는 걸 알겠다.

이런 말을 하면 지금은 글로벌 시대인데 시대에 뒤처진다며 영어가 대세라고 항의하는 이가 많다. 우리말 어휘의 60~70퍼센트가 한자말이라는데 한자는 괜찮고 영어는 안 되는가, 하며 볼멘소리를 하는 이도 있다. 그런데 이는 조선 초에 한글이 나온 뒤에도 오랫동안 식자층은 한자로 글을 적었으니 한자말이 많은 것을 애써 모른 체하는 꼴이다.

하여튼 말이 어지럽다. 같은 한자말이라도 말을 교묘하게 비틀어 계층 간의 갈등을 조장하는 게 얼마나 많은가. 또 남북이 갈라져 수난을 받는 말도 많다. 인민, 동무 같은 말은 북에서 먼저 선점해 버려 남에서 못 쓰는 말이 되었다. '어버이'라는 말도 북에서 '어버이수령'으로 써서 좀 '거시기'했는데, 국가정보원의 지시에 따라 전국경제인연합에서 돈을 받아 온갖 집회에 가서 맞불을 놓은 남의 '어버이연합'이라는 아주 '선구적'인 일당 벌이 사람들이 있어 이제는 써도 될 듯하다.

3장

청소년 소설의 현재와 미래

2012 청소년 소설의 현재와 미래

– 월간 〈어린이와 문학〉 2013년 3월 호 특집좌담

오세란(아동·청소년문학평론가, 계간 〈창비어린이〉 편집위원)
박상률(청소년문학가)
유영종(인하대학교 영문과 교수)

2016년 현재 시점으로 보자면 2012년은 벌써 네 해 전이다. 그러나 네 해 전이나 지금이나 청소년 소설이 가지고 있는 특장이나 성격은 별로 변하지 않았다. 그래서 묵은 좌담이라도 나름대로 의미가 있겠다 싶어 실었다. 작가인 내 생각보다는 작가가 아닌 다른 분들의 생각이 중요하게 여겨졌다. 두 분의 생각이 독자들에게 많은 시사점을 주리라 여겨진다.

2013년에 진행한 좌담은 2012년 한 해 동안 나온 청소년 소설에 대해 이야기를 나누었다. 이후 필자는 이런 좌담을 하지 않았다. 한 해에 스무 종 넘게 나오는 청소년 소설을 다 읽고 이러쿵저렁쿵 하는 게 결코 만만치 않았기 때문이다. 게다가 청소년 소설을 쓰겠다는 후배 작가들을 '부추겨야' 하는 입장인지라 개별 작품을 두고 따따부따 하는 것은 더더욱 할 만한 일이 아니었다. 늘 즐겨 쓰는 말이지만 하여간 감개무량이다. 청소년 소설이 이렇게 많아졌다니!

소재의 다양성, 내용의 아쉬움

오세란 책들 많이 읽고 오셨을 텐데, 일단 총평을 해 주시면 좋겠습니다. 특히 그 전해(2011년)에 비해서 어땠는지.

박상률 일단 소재가 많이 다양해졌구나 싶었습니다. 예전에는 작가 자신의 청소년 시절에 겪었던 문제를 다룬 회고적인 작품들이 많았습니다. 물론 이게 나쁘다고 생각하지는 않아요. 단지 현재성과 보편성이 있는가가 문제지요. 청소년문학이 소재 차원에서 다양해졌다는 건 일단 긍정적입니다. 역사물이나 추리물 등을 비롯해, 학교 안에서 오글오글 모여 벌어지는 이야기뿐만 아니라 가족 문제 등에 이르기까지 다양해졌다고 할 수 있겠습니다. 청소년의 문제는 사실 가족 전체의 문제이거든요. 이렇게 소재가 다양해진 것을 보며 젊은 작가들이 보는 눈이 넓다는 걸 느꼈고, 한편으로는 앞선 작가들이 가까이 있는 소재를 다 써 버려서 그런가 싶기도 했습니다.(웃음)

유영종 저도 비슷한 생각이에요. 지난해 좌담에서 제일 먼저 거론된 이야기가 소재가 비슷하다는 것이더군요. 저도 그 전까진 그렇게 느꼈는데, 이번에 보니까 소재가 많이 확장되었구나 싶었습니다. 보편적인 문제, 존재에 대한 문제까지 다룬다든지 기법도 여러 가지여서 예컨대 다수의 화자를 등장시키는 시도도 있었고요.

사실 문학 작품을 읽으며 청소년들은 여러 가지 관점을 공부하는 거잖아요. 그런 것들이 있어서 절반 정도는 마음에 들었어요.

오세란 어떤 아쉬움 같은 것은 없으셨어요?

박상률 우선 저는 일찍 시작해서 이렇게까지 고민 안 하고 쓸 수 있었던 게 다행이다 싶었습니다.(웃음) 근데 젊은 작가들이 새로운 소재와 기법에 대한 고민은 많이 하는데, 정작 자신이 청소년이라는 생각은 하지 못 하고 쓴 게 많구나 싶어 안타까웠습니다. 자신 안에 자라나는 청소년이 있는 게 아니라 내가 한때 청소년이었다는 점에만 기대어 쓴 작품이 많았어요. 그러다 보니까 기법은 새로운데 틀에 맞춘 듯한 작품이 많은 게 아쉬웠습니다. 내용과 형식이 같이 가야 좋은 것인데.

유영종 저도 같은 생각인데요. 지금 말씀하신 게 작가의 목소리랑 연결되는 것 같거든요. 읽으면서 몇몇 작품에서는 작가의 목소리가 너무 크고, 작가가 개입하고 가르치려고 하는 목소리가 있었던 것 같고, 그런 게 작품의 결론을 쉽고 급하게 내는 문제와도 상관이 있지 않은가 싶었습니다.

오세란 저도 지난해 작품을 읽으며 든 생각이, 그 전해에 청소년 소설이 막 활성화되기 시작할 때에는 예를 들어 '청소년의 성에 대해서 쓴 소설이 없다' 그러면 다음 시즌에 성을 다룬 소설이 서너 권 나오고.(웃음) 좀 거칠게 말하면 촌스러운 현상이랄까. 물론 지금 돌아 보면 소재를 확장시키는 과정에서 나온 현상이지만요. 그런데 이제는 작가들이 소재를 탐구하고, 영역 자체가 넓어졌다는 생각이 들고요. 약간 아쉬웠던 점이, 다른 분들의 의견과 마찬가지로 작가의 목소리에 대한 맥락인데요. 공부를 많이 하고 취재를 열심히 했다는 흔적은 보이거든요. 그런데 그 취재가 주인공의 이야기로 소화되어야 하는데 그게 덜 된 채로 책으로 나온 경우가 많아서 조금 아쉽더라고요. 저는 쓰는 사람이 아니다 보니 작가가 더 잘 쓸 수 있었을 텐데 하는 아쉬움이.(웃음)

박상률 처음에 읽을 때는 '야, 이거 굉장하다' 이러는데 끝 부분에 가면 힘이 들어서인지 작가 목소리가 그냥 나와요. 시시하게 끝나는 게 너무 많아요. 계몽과 교훈. 자꾸 작가들이 독자를 한 수 가르치려는 도인, 선생, 부모의 입장에서 쓰지 않나 싶었습니다. 동화도 마찬가지겠지만 어느새 자기가 한말씀 하고 있는 거지요.

모든 소설은 성장소설이다

오세란 총평을 들어봤고, 이제 개별 작품들과 연관해서 이야기해 볼까요. 박상률 선생님께서 '사계절 1318문고' 초기부터 관여를 하셨는데요. 제가 학위 논문으로 청소년 소설에 관한 연구를 썼는데, 거기에서 '1318문고' 이야기를 많이 했거든요. 우리나라 청소년 소설을 자리 잡게 하는 데 큰 역할을 했고, 외국 소설 정보를 알려 준 것도 크고요. 그때 3부작 시리즈를 쓰셨잖아요. 사실 현대 청소년 소설이 거기서부터 출발했다고 해도 과언이 아닌데요. 그 사이에 성장소설은 무엇이고 청소년 소설은 무엇인가 하는 논쟁도 있었고요. 2012년에 과거가 배경인 소설들이 다시 나왔거든요. 『우리들의 자취 공화국』(구경미, 문학과지성사)이나 몇몇 작품들, 『원더랜드 대모험』(이진, 비룡소)도 제5공화국 시절 롯데월드가 만들어질 때 이야기이죠. 배경이 과거로 가긴 했는데 예전 성장소설 같은 건 아니고…. 성장소설의 대가로서 박상률 선생님은 이 흐름을 어떻게 보셨는지.(웃음)

박상률 저는 기본적으로 소설은 모두 성장소설이라고 보는데, 문제는 청소년 소설과 일반 소설 속에서 성장의 의미가 다르다는 것이지요. 청소년은 신체적 성장과 같이 가는 것이고, 일반 소설 속의 성장은 '이러이러한 고난이 있었음에도 불구하고 나는 예술가가 되었다'는 식의 의미가 많아요. 이걸 구분해서 이야기해야 하는데 구분을 안 하고, 성장이라는 말만 붙잡고 시비를 많이 걸더라고요. 성장소설은 이제 필요 없다는 식으로요.

그런데 아이들은 열세 살에서 스무 살까지 몸과 마음이 같이 성장하거든요. 아이들 키워 보셔서 알겠지만 그 무렵의 아이들은 인간이 아니지요.(웃음) 인간이 아니면서 인간의 탈을 쓰고 있는 이 녀석들에 대해서 쓰는 게 성장소설이고요. 아무튼 이제는 '성장소설은 나쁘다' 무조건 '회고조다' 하기보다는 일반 소설 속의 성장과 청소년 소설 속의 성장을 구분해서 이야기해야 할 것 같아요. 청소년 소설은 기본적으로 성장을 이야기할 수밖에 없어요. 아직 어른이 되지 못한 아이들의 불안과 폭력성(물론 어른이 되어도 다 사라지는 건 아니지만), 이 모든 게 성장을 위한 고통이지요. 여기서 멈춰 있으면 끝내 사람이 안 되는 거잖아요.

청소년의 성장이 어느 시대, 누구의 이야기가 되든지 나쁘지 않다고 봅니다. 일반 소설도 살인이 나오든 대리 만족을 하든 카타르시스를 느끼든 어쨌든 영혼이 한 뼘 자라는 걸 느끼기 위해서 읽는 것입니다. 안 그러면 뭐하러 읽겠습니까? 작가들이 이 시대 아이들 얘기를 쓰는 것도 중요하지만, 요즘 시대 이야기는 아이들 본인들이 더 잘 아는 것 같아요. 그래서 자신들의 이야기는 시시하다고 느낄 수밖에 없는 것 같고요. 오히려 엄마 아빠의 청소년기가 궁금하지요. 이거 사실 상당히 영업 비밀인데(웃음) 제가 15년간 써 온 방법인데요. 조선 시대든 30년 전이든 아이들이 갖고 있을 수밖에 없는 문제를 쓰는 게 청소년 소설이지, 요즘 아이들이 즐겨 하는 인터넷이든 게임이든 이런 걸 다룬다고 무조건 청소년 소설이 되는 게 아닙니다. 외피를 어떻게 쓰고 있든 간에 보편적인 것을 다뤄야지요. 젊은 작가들이 보편적인 핵심보다 외피만 다루려다 보니 소재주의로 가는 것 같아요.

오세란 유영종 선생님은 어떠셨어요? 외국 청소년 작가들 중에서 로이스 로리처럼 기본적으로 잔잔한 성장소설이 갖고 있는 매력이 있잖아요. 그런 걸 보다가 우리네 성장 담론을 보면 어떠세요?

유영종 2011년이랑 다르게 2012년에는 보편적인 주제를 다루는 게 좀 있었던 것 같거든요. 박 선생님 말씀대로 모든 소설이 어느 정도 성장의 의미를 담고 있지요. 마음의 성장도 그렇고, 갈등의 과정도 그 일부라고 생각되고요. 그런 면에서는 이 성장소설이라고 하는 게 넓은 의미로 모든 게 다 들어가는 것 같아요. 제가 읽었던 서양 청소년 소설 중에는 잔잔하게 성장 이야기를 하는 작품들이 많았고, 그런 작품들을 개인적으로도 좋아하는 편이에요. 커다란 사건이 있거나 좌충우돌하며 성장하는 이야기보다 누구나 하나씩 가지고 있는 크고 작은 마음속 상처를 치유해 가며 커 가는 이야기들에 더 공감이 가거든요.

우리 작품에서도 그렇게 공감할 수 있는 이야기들이 보이는 것 같았어요. 특히 모녀 문제를 다루는 작품들이 좋았어요. 어머니가 살았던 시대와 아이가 살았던 시대, 두 사람의 생각을 교차해 보여 주면서 서로를 이해하며 커 나가는 이야기에 마음이 끌렸지요. 이런 점에서 서양 문학과 우리 문학이 비슷해져 가는 부분이 있지 않은가 싶습니다.

오세란 저도 두 분 말씀을 들으면서 『신기루』를 떠올렸어요. 이금이 작가는 이야기를 잘 다루는 작가란 생각이 들었는데, 이 작품은 여행 소설의 매력이 있었어요. 가고 싶게 만들기도 하고요.

유영종 저는 가고 싶지 않던데요. 음식 얘기 같은 거 보니까.(웃음) 청소년기라는 게 부모와 자식 간의 관계가 멀어지고 낯설어지는 시기잖아요. 이런 지점들을 여행을 통해 다시 돌아 보게 하는 게 좋았어요. 기존 작품에서 모녀 관계가 많이 다뤄졌던가요? 주인공이 남자아이이거나 친구와의 갈등이 더 많았던 것 같은데요.

오세란 많지는 않았고 종종 나왔지요.

박상률 예전에는 동화나 청소년 소설에 터부가 많았어요. 부모가 이혼하면 안 되고, 모녀 관계나 고부 관계도 잘 안 다뤘고요. 지금은 많이 달라진 것 같아요. 『신기루』의 경우는 딸보다 엄마들이 읽어 보면 좋지 않을까 싶었어요. 엄마도 한때는 딸이었던 적이 있잖아요. 이금이 작가는 자기가 체험하지 않은 이야기는 거의 안 쓰는 것 같아요. 쓸 수 있는 것만 쓰지, 쓰고 싶은 걸 쓰는 사람은 아니란 인상을 받았어요.

오세란 그래서 잘 쓰시지요. 저는 이 작품의 엄마 하고 비슷한 또래여서 그런지 부모의 입장에서 읽게 되었는데요. 동화가 아이들만의 것이 아니듯이 청소년 소설도 모두를 위한 것이라고 보면 엄마가 읽어도 좋은 작품이라는 건 맞아요. 얼마 전에 제 아이가 러시아 여행을 갔다가 마트료시카 인형을 사 왔는데, 꼭 그런 느낌이었어요. 내 안에 나보다 작고 어린 존재가 있는 듯한 느낌이요.

또 모녀 관계 말씀을 하셨으니까 『두려움에게 인사하는 법』(김이윤)도 같이 이야기해 보면 좋을 것 같아요. 창비 공모전에서 나온 작품인데, 당시에는 창비가 『완득이』, 『위저드 베이커리』 이런 쪽으로 세게 가다가 이 작품은 반대로 많이 잔잔하거든요. 독자들이 큰 걸 기대하는 상황에서 다시 정서의 본질적인 부분을 건드리고 있는 것 같아서 좋았어요.

박상률 조부모 세대든 부모 세대든 언젠가는 헤어져야 하는 게 순리지요. 『두려움에게 인사하는 법』은 엄마가 암 선고를 받은 상황에서 주인공의 심리가 잘 드러났다고 생각돼요. 제목을 랭보의 시에서 따왔다고는 하는데, 잘 지은 것 같아요. 집에서 강아지 한 마리라도 아파서 죽는다고 하면 두렵지요. 모녀 간의 사랑, 친구 간의 우정에 대해 생각할 수 있었어요. 소설에서 자극적이고 큰 서사만 보는 게 아니라 일상의 소소함, 등장인물의 심리나 사건의 묘사 같은 걸 보는 것도 재미잖아요. 그런 재미가 있는 것 같아요. 누구나 죽는다는 건 뻔한데 그 안에 있는 것을 읽는 느낌이요.

유영종 같은 생각이고요. 여기에 더하자면 『신기루』도 그렇고 이 작품도 문학적으로 잘 짜여져 있어요. 상징도 그렇고요. 『신기루』

도 신기루라는 상징, 사막의 상징 같은 게 그렇고, 『두려움과 인사하는 법』은 제목부터가 만났을 때 하는 인사인가, 떠나보낼 때 하는 인사인가 생각해볼 만한 여지를 주는 것 같고요. 어머니와의 이별이 가장 큰 줄기이지만, 시리우스와 이별하는 것도 이별에 대한 준비를 하는 거잖아요. 이런 과정이 잘 짜여 있으면서 전반적으로 과장되어 있지 않고 감정을 절제하면서 담백하게 풀어낸 게 참 좋았어요.

오세란 너무 좋은 말씀들만 하셔서…. 아무튼 기본적으로 추린 작품 목록 안에서 이야기하는 것이다 보니까요. 저는 이 작품에서 제일 맘에 들었던 건 담담하게 끝까지 감정선을 놓지 않고 죽음까지 갔다는 점이고요. 한편으로는 이럴 수 있을까 싶기도 했어요.

박상률 우리 같은 어른의 자리에서는 도저히 이해가 안 가지만, 요즘 애들은 자기네들 말마따나 아주 '쿨'해요, 쿨. 어른이 이해해줘야 하는 거지요.

오세란 모녀 관계에 대한 작품 두 개를 이야기했으니까, 부자 관계, 『맨홀』이라든가 『게 같은 날은 없다』에 대해서도 말해 보지요. 저는 『맨홀』도 제목을 참 잘 지었다 싶더라고요. 청소년 소설을 읽는 가장 큰 재미 중의 하나는 이런 문학적 상징에 대해 나름의 깊은 맛을 볼 수 있다는 것이거든요. 『맨홀』이라는 제목과 주인공의 상황이 맞아떨어지면서 참 잘 지은 제목이라는 생각이 들었는데요. 아까도 이야기했지만 뒤로 가면서 힘이 빠졌다는 생각도 들고. 이 작품은 어떻게 보셨는지요.

박상률 이 작가가 그 전에 『합체』를 썼지요. 가정에서 가장 힘을 갖고 폭력을 휘두르는 사람이 대개 아버지이죠. 이옥수의 『개 같은 날은 없다』를 보면 거기서도 아버지가 나옵니다. 체홉이 "소설 앞부분에 못이 나오면 거기에 목이라도 매달아야 한다"는 말을 했는데, 이게 상징성이잖아요. 기본적으로 맨홀, 구멍, 이런 단어들에 상징성이 있어요. 시는 기본적으로 상징을 중요시하지만, 동화나 소설에선 서사를 중요시하지요. 부자 간의 관계를 두고 봤을 때 『맨홀』이나 『개 같은 날은 없다』는 안 좋은 면을 다루는데, 소설 속에서는 기본적으로 결핍, 고통을 다루니까 이런 소재를 채택하지 않았나 싶습니다. 가족 간의 폭력을 겪고 주인공이 본의 아니게 살인자가 되고, 이런 것들이 여러 가지 시사하는 바가 있지 않았나.

『맨홀』에서 느낄 수 있는, 구멍에 삶의 부조리함이 들어 있기는 하나 뒤로 갈수록 이야기가 약해지는 이유는 작가 본인이 오래 살아 보지 못했기 때문이 아닐까 싶었어요. 해결을 어찌해야 할지 모른다는 느낌을 받았습니다. 작가가 20대거든요. 50대에 썼다면 또 달랐을 것 같아요.

유영종 저는 『맨홀』이라는 소설이 특별히 부자 관계를 다루었다고 생각하지 않았어요. 주인공에게 이름을 주지 않기도 했고요. 모든 사람이 다 자기만의 맨홀에 사는 것 같다고도 하고요. 아빠의 폭력 때문에 느끼는 불안감 같은 것, 폭력적인 것들이 상징적으로 실존적 불안을 뜻하는 게 아닌가, 그러다 보니 살인마저도 까뮈의 『이방인』에서처럼 주인공이 느끼는 내적 불안감을 표현하는 사건이 아니었나 싶었어요. 소재가 아빠의 폭력이긴 하지만 부자 관계가 주요하게 이야기된 것 같진 않고요. 부모를 통해 세상의 부조리한 면들을 보았을 때 청소년들이 느끼는 환멸을 드러내고, 이러한 세상을 어떻게 살아가야 할 것인가를 이야기하는 것 같았어요. 그런데 이게 끝에 가서도 쉽게 해결이 되지 않아요. 그런 점도 다른 작품들과 좀 달라서 좋았어요.

박상률 작가가 끝을 맺으려 할 때 강박이 오는데 어떨 땐 오히려 열린 결말로 그냥 두는 게 나을 때도 많아요. 제일 나쁜 영화가 관객을 무시하고 영화 화면에서 모든 걸 다 보여 주려고 하는 것이라고 말한 감독이 있는데 소설도 마찬가지인 것 같아요. 독자가 어떻게 느끼는가에 따라서 자기 수준에 맞춰 느끼는 거지요. 부자 관계의 문제로 볼 수도 있고, 존재의 부조리함에 대한 이야기로 볼 수도 있고. 자기가 느끼는 만큼 느끼면 되는 거 아닐까요.

오세란 이 작품에서 재미있었던 점은, 그렇게 싫어하는 아버지 때문에 자신의 죄가 면피되는 것과 같이, 부조리한 세상을 보여 주는 거죠. 저는 처음에 좀 오독했던 게 이걸 가정 폭력 이야기로 따라가다 보니까 뒤의 우발적인 살인하고는 연결이 되지 않는 거예요. 가정 폭력에 무게를 둔 작품으로 보면 뒷이야기가 너무 황당하기도 했는데 지적하신 맥락으로 읽으니 이해가 되더라고요. 그래야 이 아이가 맨홀에 빠져 있는 상태라는 주제가 와 닿고요.

다른 이야기인데, 저는 사실 『개 같은 날은 없다』의 결말은 불만스러웠거든요. 강아지가 살아오는 장면에서 맥이 빠졌어요. 좀 꿋꿋이 나갔으면 어땠을까 싶었는데…. 아무튼 여러 작품 중에서 상당히 흥미 있는 작품이라고 봤거든요. 아버지하고 나중에 관계가 회복되는 것 같은 게 앞에 비해서 뒤가 너무 해피엔딩? 착한 결말이지 않았나 싶습니다.

박상률 청소년 소설을 쓰다 보면 좋게 끝나야 독자를 안심시킬 수 있을 것 같은 불안이 있어요. 하지만 이러다 보면 생각할 거리가 없어지는 것 같아요. 좋게 해 줘야 할 것 같고, 희망을 줘야 할 것 같고. 제가 십수 년 전에 『밥이 끓는 시간』이라는 소설을 냈는데 그 주인공이 엄청 고생해요. 어느 선생님이 이 소설을 읽다 짜증이 나서 집어던졌다 하더라고요. 이 작가가 얼마나 독한 놈인지 궁금했다면서요. 그런데 고생 안 시키고 싶은 유혹을 느끼지만 그렇게 되면 소설이 안 되니까, 작가가 하고 싶은 대로 하는 게 아니라 작품의 논리로 끌고 가야지요.

유영종 『맨홀』은 분명히 가정 폭력에 대해서 다루는 것 같고, 화자를 교체시켜서 쓰는 방식 같은 건 좋았는데요. 말씀하신 대로 강아지가 돌아오는 것도 그렇고, 그 중간에 아버지나 형이 변화하는 게 너무 급작스럽다고 생각되었어요. 몇 년간의 폭력을 너무 가볍게 끝내 버리는 게 아닌가 하는 생각이 들어서, 뒷부분으로 가면서 너무 쉽게 결론지으려 하지 않았나 싶어요.

오세란 제가 자주 가는 인터넷 주부 사이트에 익명 게시판이 있는데요. 가정 폭력같이 남들에게 말 못할 얘기들이 올라오는데 폭력 문제는 해결이 쉽지 않다는 걸 느꼈어요. 댓글 대부분이 폭력을 행사하는 가족에 대해 사람은 변하지 않으니 빨리 정신병원에 데려가라, 하는 걸 보면서 이런 상황에 있는 아이가 이 작품을 읽었을 때 또 다른 실망을 느끼지 않을까 하는 걱정이 들더라고요. 강한 절망을 보여 줌으로써 문학이 독자에게 전달시킬 수 있는 부분이 있을 거라고 생각되어서 조금 아쉽다고 할까요. 그랬어요.

유영종 결말을 딱 문 닫듯이 너무 잘라 버렸지요. 마치 앞의 무거운 문제들이 결국 별 거 아니었던 것처럼.

오세란 독자가 참 변덕스러운 게 처음에 개가 죽었을 때는 죽어서 슬퍼하다가 결말에 살아 돌아오니까 돌아왔다고 실망하고.(웃음)

다양한 장르 소설들의 탄생

오세란 작품들이 소재도 다양해지고 장르도 다양해졌다는 이야기를 했는데요. 예를 들면 구병모 작가의 책이라든가, 판타지는 아니지만 『시간을 파는 상점』이나 『검은 개들의 왕』(마윤제, 문학동네) 같은 것도 우리가 익히 보아 오던 문법의 작품들은 아니어서 얘기해 보면 좋을 것 같습니다. 얘기를 다 할 수 있을지 모르겠지만요. 자음과모음의 『제2우주』(선자은)라든가 『도둑의 탄생』(김진나, 문학동네, 2011)에도 주목했거든요. 한편으론 아쉽기도 하고요. 이런 장르적인 작품들을 좀 봤으면 좋겠는데요. 일단 구병모 작가의 『피그말리온 아이들』(창비)하고 『방주로 오세요』(문학과지성사)를 묶어서 이야기해 볼까요.

유영종 구병모 작가는 공부도 많이 하고 현대 서구의 문학 사조나 경향에 대해서도 잘 알고 있는 것 같아요. 현실 속 청소년 문제도 굉장히 잘 풀어내는데, 거의 일대일 대입을 할 수 있을 정도로 알레고리컬한 경향이 좀 마음에 들지 않았어요. 『방주로 오세요』가 특히 그런 식으로 진행된 것 같아요. 『피그말리온 아이들』은 『방주로 오세요』보다는 마음에 들었어요. 작품에서 다룬 문제가 결말에서도 쉽게 해결되지 않는다는 점이 괜찮았어요. 삶을 너무 쉽게 풀 수 있는 문제로 표현해 놓으면 현실성이 떨어지고 독자들도 위안을 받지 못하거든요. 이야기가 빠르게 진행되고 추리 소설 요소까지 가미되어 재미도 있었어요. 하나 걸리는 건 문장들이 굉장히… 배운 사람의 문장이랄까요? 작가의 특징이기도 하고, 꼭 나쁘다고도 할 수 없지만 개인적인 취향과는 맞지 않았어요. 하지만 제 딸이 중2인데 아주 재미있게 읽더라고요. 자기만의 색깔을 가진 작가라 구병모 작가 작품에 늘 관심이 있어요.

박상률 현학적인 문체를 얘기하셨는데, 문득 떠오른 게 구어보다는 문어를 즐겨 쓰지 않나 싶어요. 자기 색깔이 있다는 건 큰 장점이지요. 『위저드 베이커리』는 독자가 예측할 수 없어서 좋았는데, 『방주로 오세요』는 독자가 예측을 하겠더라고요. 그래서 알레고리 틀에 맞췄다는 생각이 드는 거예요. 그런데도 이 작가의 상상력 같은 건 높이 살 만하지요. 저는 판타지든 뭐든 다 좋은데, 판타지가 현실의 뒷모습이고 그림자잖아요. 이걸 잘 살려서 결국 현실 문제로 보여 줘야 하는 거예요. 우리가 남미의 마술적 리얼리즘을 이야기하는데, 이게 사실 동화에서는 기본적인 것이거든요. 일반 소설로 쓰면 대단하게 여겨지고 동화나 청소년 소설에선 뻔한 걸로 여겨져야 하나 싶었는데, 이런 판타지가 붙는 리얼리즘을 잘 쓰는 작가라는 생각이 들었어요. 다만 좀 더 구어체를 썼으면 좋겠다, 하는 마음은 있지요. 자칫 현학적이고 독자보다는 작가를 위한 글로 보일 수 있거든요.

오세란 SF 장르가 유독 알레고리화하기가 좋아요. 영화를 봐도 그런 점이 두드러지고요. 저는 『방주로 오세요』를 더 재미있게 봤어요. 『피그말리온 아이들』은 읽기가 어려워요. 가독성이 떨어지죠. 성인 기자의 입장이고, 문어체로 서술되어서요. 정말로 현실의 학교, 우리나라 공교육의 문제점을 그냥 보여 준 것이기 때문에 덜 궁금한 측면이 생기는 거죠. 아무튼 청소년 작가로서 자기만의 색깔을 성공적으로 만들어낸 작가란 점에서는 주목할 만하다는 생각이 들어요.

이어서 혹시 『도둑의 탄생』이나 『시간을 파는 상점』까지 읽으셨으면 이 얘기까지 해 보지요. 『시간을 파는 상점』은 제목 때문에 실망했어요. 판타지일 줄 알았는데 시간을 판다기보다는 심부름센터랄까, 인터넷 카페를 경영하는 문제 해결사이지요. 문체 얘기가 나왔으니 말이지만, 시간에 대해서 이야기하긴 하는데 시간에 대한 문장과 이야기가 전혀 융합되지 못하지 않았나 싶어요.

박상률 시간 자체에 대한 생각은 상당히 추상적이고 관념적이지요. 이게 현실의 사건과 잘 맞물려야 하는데 작가가 생각한 시간에 대한 내용이 설명적으로 너무 많이 들어가지 않았나 싶어요. 그래서 제목도 그렇고, 그런 부분이 좀 아쉽지요.

유영종 대부분 사람들이 그랬을 것 같아요. 『모모』 같은 판타지가 아닐까 기대했는데 읽어 보니 다른 이야기였어요. 뭐 이건 독자의 잘못이니까 차치하고, 문제는 말씀하신 대로 작가의 목소리였던 것 같아요. 철학적인 내용을 이야기에 녹인 건 이 작품보다는 오히려 『맨홀』이 아닌가 싶었는데요. 철학적 관념을 다루는 건 좋은 시도였지만, 사건의 진행과 철학적인 내용이 같이 잘 녹아 들지 않고 좀 겉돈다는 생각이 들었어요.

오세란 『도둑의 탄생』, 이건 판타지잖아요. 저는 이 제목도 마음에 들었거든요. 현실에서는 도둑이 좋지 않은 직업이지만 문학적으로는 굉장히 매력 있잖아요. 무엇을 훔친다는 것인가. 『도둑의 탄생』도 나름 굉장히 노력한 작품임은 틀림없는데 왜 그렇게 이야기가 내게 잘 전달이 안 되는지 읽기 힘들었어요.

박상률 도둑이 된 뒤 어디든 전지전능하게 도달할 수 있다는 점도 좀 그렇지 않나 싶었어요. 현실의 어려움을 너무 쉽게 해결해 버리는. 근데 제목이 참 좋았어요.(웃음)

오세란 저는 『도둑의 탄생』이랑 『시간을 파는 상점』을 엮어 생각하는 까닭이 문장 때문인데요. 뭔가 이야기를 열심히 하고 있는데 전달이 안 되는 문장, 철학이 문학 속으로 들어오지 못하고 겉도는 문장의 느낌 때문에 두 작품이 연결되었습니다.

소재의 새로움이 다일까?

오세란 이색적인 소재를 다룬 작품들도 이야기해 보지요. 혹시 『명탐정의 아들』(최상희, 비룡소) 읽으셨어요? 『그냥 컬링』(비룡소, 2011)을 쓴 작가의 작품이죠. 그리고 『검은 개들의 왕』 읽으셨으면 얘기를 좀 해 볼까요.

박상률 괴물들 얘기겠거니 싶더라고요. 개 중에서도 검은 개라고 하면 더 위압적이잖아요. 거기 나오는 등장인물들의 불안의식, 마음속에선 어떤 생각이든 할 수 있는 게 잘 표현되지 않았나 싶어요. 소재의 확장 측면에서도 좋은 작품이고요.

유영종 정리가 잘 안 되더라고요. 좋은 이야기가 될 가능성이 많았던 것 같아요. 소재도 그렇고 귀신이 나오고 돼지가 움직이는 것 같은 환상적인 사건들과 사실적인 사건들이 유기적으로 섞여 가며 진행되는 것도 그렇고, 여러 상징을 통해 불안 같은 감정을 이입시키는 것도 그렇고요. 그런데도 딱 집어서 뭐라고 말하기는 어렵지만, 좀 산만한 느낌 같은 것이 있었어요.

오세란 저는 이 작품이 기대보단 못했어요. 너무 영화의 영향을 많이 받은 게 아닌가 싶었지요. 영화적인 것들이 소설로 들어올 때 우려되는 지점이 있어요. 곁들여 말하자면 최근 응모작 중에서 영화의 방법론이랄까 영화적 장면이 소설 창작으로 들어 오는 경우가 많은데, 둘은 분명히 다른 영역이거든요. 『검은 개들의 왕』을 보면서 미국의 성장 영화 〈스탠 바이 미〉가 생각났어요. 열세 살 아이들이 시체를 찾아오는 내용의 영화죠. 그런데 왜 그것만큼 압축되어서 나에게 전달이 안 되나 봤더니, 등장하는 도구들은 많은데, 이것들이 하나의 무게감으로 다가 오는 것에는 성공하지 못했던 것 같습니다.

박상률 결국은 아이들의 모성이 결핍되어 있다는 걸로 억지로 짜맞춘 느낌이 있었지요. 그걸 그리려고 한 것이 아닐까라고 이해는 되지만 소설이 독자가 이해해 줘야 좋은 건 아니거든요. 내가 억지로 '아, 그렇게 그리려고 했구나' 생각해 주면 안 되죠. 그래서 난삽하단 생각이 들어요.

오세란 이게 소년들 이야기라서 더 멀게 느꼈을 수도 있어요. 이건 다른 이야기인데요. 최근 추세가 청소년 문학은 일단 웃긴 문장들이 중간중간 나와서 터져야 한다고 생각하는 게 있는 것 같거든요. 그런데 독자 입장에선 오히려 안 웃길 때가 있지요. 그런 것도 좀 정리가 되어야 하지 않을까 싶어요.

박상률 등장인물 자체가 우스꽝스러운 인간들로 이루어져 있잖아요. 예수도 부처도 못 믿겠으니까 귀신을 믿는다든지. 괴기스러운 소재를 엮지 않았나 하는 생각이 들더라고요.

오세란 개 얘기가 나왔으니 작가를 앞에 두고 『개님전』 얘기를 해 볼까요.

박상률 저는 제 작품을 놓고 하는 좌담은 절대 안 하려고 하는데 지금 할 수 없이 불려 나왔는데요.(웃음)

유영종 저는 『개님전』이 아까 이야기한 보편적인 주제가 잘 들어 있어 좋았어요. 정신없이 쫓겨 살다 보니 바로 당면한 문제들 말고 삶의 보편적인 가치에 대해 생각하고 이야기하는 일들은 잘 못하잖아요. 소재주의라고 하는 문제도 그래서 생기는 거고요. 그런 이야기들에는 시간이 지나 문제가 해결되거나 다른 시기가 되면 읽히지 않을 것들도 많지요. 그런데 이 작품은 보편적인 가치와 사람답게 살아가는 것에 대한 이야기가 있어요. 전체적인 이야기도 무리 없이 잘 읽히면서, 우화 형식이지만 구식이라고 느껴지지 않고요. 자극적인 소재를 통해서 가벼운 성장담을 들려주는 게 아니라 사람답게 사는 방식에 대해 이야기하는 게 맘에 들었어요. 개를 통해 이야기해서 그런지 작가의 목소리가 강하게 드러나기보다 자연스럽게 들렸고요. 또 어떤 면에서는 청소년 소설이 갖고 있던 관습적인 걸 깨지 않았나 싶습니다. 개를 소재로 한 것이나, 지방색을 다룬 것이나, 또 당면한 문제보다 보편적 주제에 집중한 것도 다른 청소년문학 작품들과 좀 달랐어요.

박상률 제가 아는 게 그것뿐이라서요. 그동안 사람 얘기를 많이 썼더니 이제 더 쓸 것이 없더라고요. 그래서 개 얘기를 쓰게 되었는데, 일단 우리 세대가 가고 나면 자연 속의 개 얘기를 쓸 일이 없을 것 같았어요. 제 고향 진도는 사람보다 개가 더 유명하기도 하고요. 그곳의 동네 개들이 돌아다니는 것을 생각하니까 '아, 저 개들이 다 이야기를 물고 다니는구나' 싶어 이야기가 술술 나오더라고요.

실제로 진돗개는 충성심이 강하잖아요. 주인이 아프면 개가 안 떠나요. 장례 치를 때 진도에선 고인의 옷을 다 태웁니다. 근데 진돗개는 이 옷을 다시 물어다가 주인 방에 가져다 놓고 그래요. 그리고 개가 춤추는 일은 없지만 노래는 따라서 해요. 진돗개 지능 지수가 6,70 정도 된다고 하잖아요. 초등학교 입학 전의 아이들만큼 말을 알아듣는 것이지요. 장례 문화 같은 건 자연스럽게 들어간 것이지 처음부터 넣으려고 한 것은 아니에요. 황씨 할아버지가 돌아가셨기 때문에, 개가 자연스럽게 왔다 갔다 하는 걸 춤추는 것처럼 그릴 수 있지 않을까 싶었어요.

개가 들려줘서 받아 적었는데, 제가 58년 개띠이기도 하고.(웃음) 그래서 작년부터 개장수를 하고 있는데 의외로 사람들이 사람한테 위로를 못 받다가 오히려 동물한테 받더라고요. 그럼 내가 한번 개가 되어 보자, 하고 개 입장에서 보니까 사람들이 되게 웃기더라고요. 개가 중심인 이야기이지만 결국은 사람 얘기가 되지 않았나 싶습니다. 소재의 확장이지만 주제는 결국 사람 얘기인.

오세란 처음에 청소년문학의 깃발을 드셨는데 또 새로운 영역으로 확장시키시네요. 작년에 나온 건 아니지만 저는 『방자 왈왈』도 굉장히 재미있게 읽었는데, 청소년 소설에 이만큼 맞는 소재는 없다는 생각이 들었어요. 또 사투리로 글을 쓰는 게 쉽지 않잖아요. 이걸 직접 말하면서 쓰시나 싶었어요.

박상률 제가 진도에서 태어나 자라다 보니까 아무래도 판소리 대사 같은 것에 익숙하지요. 고향에서 어릴 때 많이 들었던 게 마을 방송이었어요. 그때 틀어 주는 게 기본적으로 〈춘향가〉나 〈진도아리랑〉이다 보니까 자연스럽게 귀에 인이 박힌 거예요. 자기가 쓸 수 있는 걸 쓰는 게 작가라고 늘 생각하거든요. 내가 죽으면 누가 쓰겠나 싶어서 『방자 왈왈』도 판소리 소설처럼 써 보았지요. 사실 공부 안 한 이몽룡은 시험 떨어져야죠. 출세해서 온다는 건 말도 안 되는 것 같았어요. 저는 어릴 때부터 방자가 더 매력적이더라고요. 방자 입장이 되어 보니까 이몽룡이란 놈이 아주 형편없는 놈이에요. 거기 나온 사투리는 그냥 저절로 나왔던 것 같아요.

오세란 『춘향전』엔 워낙에 수위 높은 성적인 내용이 있지만 선생님도 그걸 청소년 소설에서 아주 과감하게 쓰셨잖아요.

박상률 고등학교 강연 가서 요즘 애들을 보면, 교사가 무슨 얘기 하면 애들이 킬킬대요. 자기들이 더 잘 아니까. 어른들이 눈 가리고 아웅 하는 거예요. 우리 애는 안 그러겠지 하고서요. 열여섯 살인 이몽룡이랑 춘향이는 이미 '야동'을 찍었어요. 교과서에는 아주 점잖은 장면만 나오지만 실제로는 보통 논 게 아니더라고요. 이길 방자 입장에서 한번 그려 보고, 애들이 모른 척해 주던 것을 여기다 쓰자, 했지요. 그런데 교사들은 이 작품을 책꽂이에 거꾸로 꽂아 둔대요.(웃음) 저는 어른들의 위선이나 이런 걸 꼬집어 주려고 『개님전』에도 이런 장면을 넣었고, 『방자 왈왈』에도 중간중간 넣었어요. 실제로 애들이 오히려 부모를 걱정하며 살아야 하는 것 같아요. 저는 부모들에게 애한테 되도록 떼를 쓰고 살라고 해요. 그래야 아이들도 부모 걱정하는데, 그냥 보호만 해 주려고 하면 이놈들이 독립도 안 해요. 어른들도 때로는 아이들한테 떼 써야 합니다.

오세란 『나의 고독한 두리안 나무』(자음과모음, 2011)를 쓴 박영란 작가의 『라구나 이야기 외전』(자음과모음)은 재미있게 보셨나요?

박상률 일단 우리나라가 아니고 필리핀의 라구나 지역에 유학 온 아이들 이야기니까 낯설다는 거엔 호감이 가더라고요. 거기서 외로움과 슬픔을 견디는 아이들 이야기이고, 그 등장인물들의 이름을 하나씩 정하는 것이, 각 편마다 사건도 뚜렷하고 개성도 있고 스스로 서는 것은 상당한 미덕으로 느껴지는데요. 그래서 어쨌다는 거냐 라고 할 때 의문을 가질 수 있지 않은가 싶더라고요. 이국적인 것을 그려 놓은 것은 호기심도 끌고 좋은데, 딱 집어 얘기할 순 없지만 뭔가 아쉽더라고요. 그래도 청소년 입장에서 뭐가 있어야 하진 않겠나, 싶은 거죠.

유영종 외전이란 제목이 풍기는 느낌, 주인공 일곱 인물 모두 바깥쪽에 겉돌며 어디에도 속하지 못하는, 무언가에 밀려난 사람들이라는 점에서 하나의 일관성은 있다고 생각했거든요. 그런데 이것들이 모여 어떤 큰 그림을 보여 주는 건지 잘 모르겠어요. 외로움, 소외의 그림을 보여 주는 건 알겠는데 특수한 상황에서 벌어지는 일이라 보편화시키기에 적절치 않을 것 같아서요. 이국적인 것을 보여 주는 게 장점일 수 있지만, 필리핀과 우리와의 관계가 고정적인 것이 아니라서 앞으로 어떻게 읽힐지 잘 모르겠고요. 지금과 같은 다문화 관점에서 보기도 좀 그럴 테고…. 이런 점에서 아쉬움이 좀 있었어요.

오세란 외국이기 때문에 오는 호기심, 낯섦 같은 면이 일반 소설에서는 많잖아요. 이런 이야기가 청소년 소설에 확장되고 있다는 게 좋았지만, 낯설게 하기를 통해서 가지고 올 게 있어야 하는데 그냥 낯설음에서 끝나지 않았나. 『라구나 이야기 외전』은 그래도 좀 찡한 면이 있었어요. 참고로 청소년 소설 단편집이 별로 안 나왔는데, 전 일반 소설에서도 단편집을 참 재미있게 읽거든요. 쉽지는 않겠지만 청소년 소설에도 단편집이 좀 나왔으면 좋겠어요.

박상률 그게 쉽지 않아요. 출판사에서는 장편을 더 원합니다. 실제로 현장에 가서 보면 단편이 빨리 읽히고 소화하기도 좋고, 읽고 바로 토론하기도 좋은데, 자꾸 장편만 내려고 하더라고요. 사실은 단편이 작가 입장에선 더 쓰기 힘든데…. 출판사들이 착각하는 것 같아요. 일반 소설에서 장편이 더 상업성이 있다고 하니까.

유영종 헤밍웨이의 『우리 시대에』라는 장편소설도 단편이 모여 1차대전 이후 전후 세대의 상실감을 보여 주고 있거든요. 단편집이나 장편소설이냐 하는 논란을 일으키기도 했고요. 단편들이 구성에서 성공하면 장편소설만큼 재미있고 의미 있을 것 같아요. 『라구나 이야기 외전』도 처음과 끝이 맞물리는 구조적인 완결성은 괜찮았어요.

박상률 부분이 모였을 때 전체가 부분의 합보다 커야 하는데 그게 안 되어서 좀 아쉽지요.

오세란 최근에 동화 단편집 중에 『내 머리에 햇살 냄새』(유은실 글, 이현주 그림, 비룡소), 『복수의 여신』(송미경 글, 장정인 그림, 창비)이나 『나의 사촌 세라』(김민령 글, 홍기한 그림, 창비) 이런 작품을 재밌게 읽었어요. 그 단편집들을 보면 동화지만 소설적 매력을 갖고 있어요. 아이러니한 매력들. 동화 보는 내내 웃는데 결말은 슬프단 말이에요. '아, 동화 작가들이 이제 정말 잘 쓰는구나' 싶었는데 청소년 작가들도 이런 단편집들을 좀 내줬으면 좋겠다는 바람이 생겨요. 저만 해도 단편은 호흡하면서 천천히 읽게 되거든요.

과거로 거슬러 올라간 청소년 소설들

오세란 이제 배경이 과거인 소설들인데요. 『무옥이』(이창숙, 상상의 힘)나 『1945, 철원』처럼 배경이 6·25 전쟁까지 이어져 올라간 작품이 둘이나 있어요.

유영종 『1945, 철원』은 해방 직후 시대를 잘 그렸고, 꼭 소설 『태백산맥』처럼 스케일이 큰 것 같아요. 무척 재미있게 읽기는 했는데, 한 권에서 여러 인물을 다루다 보니까 각 인물들의 소개가 사실감 있게 충분히 이뤄지지 않은 건 아쉬웠어요. 『태백산맥』처럼 몇 권으로 쓰였으면 행동의 동기, 과거사 등을 좀 더 자세히 충분히 그려서 주인공들이 더 생동감 있게 보였을 텐데 그렇지 못해서요. 주인공들이 좀 더 입체적이었으면 이 사람들의 인간적인 고뇌가 온전히 전달되었을 것 같은데…. 여러 주요 인물의 사건이 동시에 진행되며 서로 얽히는데 그걸 한 권의 책에서 소화하다 보니 좀 급하게 결론을 향해 달려간다는 느낌도 들었어요.

박상률 작가 입장에서 보면 좋은 이야깃거리를 잡았다고 생각돼요. 6·25 전에는 철원이 북한 땅이었단 말이지요. 기존의 계급들이 그대로 있으면서 사회주의 사회에 어떻게 적응할 것인가, 하는 문제가 있지요. 단편이 행동 하나하나를 묘사한다면 장편은 관계에 집중해야 하거든요. 그런데 이런 관계가 많이 생략되고, 또 행동에 대한 묘사도 충분해야 하는데 한 권에 처리하다 보니까 좀 어렵지 않았나. 유 선생님 말씀마따나 그런 게 아쉬웠습니다. 적어도 두세 권은 돼야 하고, 공산당 누구도 나오고 하는데 그들의 내면 심리에 대해서 조금 더 묘사되었으면 하는 마음이 있었어요.

오세란 그런데 이게 두세 권 나오면 읽었을까요?(웃음)

박상률 그런 고려도 있었겠지요. 소설 『태백산맥』 같은 것도 1, 2권만 많이 팔리고 9, 10권은 잘 안 팔리잖아요.

오세란 저는 어쨌든 이현 작가가 저력 있다는 건 다시 한 번 느꼈는데요. 『1945, 철원』라는 제목의 시공간이 아주 절묘해요. 어떻게 철원이라는 동네를 생각했을까 싶더라고요. 또 은혜나 경애나 이름이 주는 뉘앙스가 있잖아요. 은혜 하면 평양 출신 기독교인으로서 남하할 수밖에 없는 처지, 경애 하면 『인간문제』를 쓴 소설가 강경애가 생각나는 그런 지점들. 자기가 살아 보지 않은 시대에 대해서 어쩜 이렇게 고증하는지 감탄했어요. 다만 이현 작가의 아쉬움 중 하나는 역할을 맡긴 다음에 인간으로서 살아 움직이는 게 아니라 역할을 맡은 인물로만 움직이는 느낌이 강한 점이죠. 굉장히 좋은 작품이지만 분량에서도, 저는 등장인물 수가 한 권으로 다루기엔 좀 많다고 생각하거든요. 『토지』에 나올 만한 가계도를 가지고 한 권으로 만들어서 좀 산만해진 게 있는 듯합니다.

유영종 판타지부터 사실주의 소설까지 장르도 넘나들며 글을 쓰고, 이번엔 역사 소설로 한 시대를 역동적으로 그려내는 걸 보니 참 대단한 것 같아요.

오세란 『무옥이』는 어떠셨어요. 이건 작품 후기를 보니까 방직 공장 가기 전까지가 작가의 어머니 이야기라고 하던데요.

박상률 이거야말로 해방 조국하고 6·25 휴전 직전까지 다뤘죠. 냉혹한 현실 속에서 개인들이 어떻게 살아야 하는가의 문제를 다룬 게 아닌가 합니다. 근데 인물들이 너무 도식적이지 않은가 싶어요. 이미 『태백산맥』이 상당히 인물들의 정형화를 이뤘기 때문에 이걸 넘어서야 하는데…. 그런 의미에서 소재주의의 혐의가 있었고요. 무거운 이야기이면 문체도 좀 무거워야 하는데 너무 날렵하지 않았나 싶습니다.

오세란 너무 연대기처럼 읽혀서. 요즘 아이들이 읽기가 쉽지 않을 것 같다는 생각이 들었어요. 50~60년 전 이야기가 현재 아이들의 손에 들려서 읽히게 하려면 어떤 점이 중요할까요?

박상률 할머니 세대의 삶인데요. 청소년이랑 나이가 딱 맞거든요. 그 당시 사람들은 전쟁이라는 지독한 현실 속에서 어떻게 성장했는가, 라는 건 좋은 주제지요. 역사에 대해 냉소적이고 관심도 없는 요즘 애들한테 어떻게 접근해야 할까요. 평론가나 어른들은 맞아, 그때 그랬지 하며 읽을 수 있겠지만 애들한테는 오히려 이게 판타지일 수 있단 말이에요.

『몽실 언니』는 권정생 선생 작품이기도 하고, 창비에서 나오기도 했고, 기독교 잡지에 발표가 시작되었고, 또 그게 드라마가 되었고, 다양한 상황 덕분에 많이 읽힌 게 있어요. 사실 작품만으로 보면 전혀 친절하지 않고 되게 읽기 힘들지요. 다시 쓰면 훨씬 재밌게 쓸 수 있을 텐데, 하는 느낌이 들어요. 제가 권정생 선생보다 두 세대 정도 낮으면 '신 몽실 언니'를 쓸 수 있을 텐데요.(웃음) 하지만 이젠 그런 상황이 없기 때문에, 『무옥이』는 요즘 아이들에게 어떻게 좀 더 친절하게 다가갈 수 있을까 고민해야 할 것 같아요. 농담 같은 말이지만 호객 행위를 어떻게 할 수 있을까, 하는.

오세란 저는 우리 아이 초등학교 때 밤마다 책을 읽어 줬는데 고학년이라서 『몽실 언니』를 읽어 줬어요. 매일 조금씩 읽어 주는데, 아이가 재밌게 들었어요. 권정생 선생 작품들이 읽어 주기 좋은 작품인 거예요. 읽어 주기 좋다는 건 문장이 좋다는 거잖아요. 어떤 작품들은 읽는 데 몰입 안 되는 경우도 있거든요. 근데 제일 곤란한 건 이 작품을 소리 내어 읽다 보면 울게 되는 거예요.(웃음)

박상률 안동 지역, 아니 경상도 사투리가 나왔더라면 읽는 사람이 더 울었을 거예요. 리얼리티 때문에.

오세란 이제 『원더랜드 대모험』 얘기를 하고 싶거든요. 저는 이 작품을 읽기 시작했을 때는 참신하다는 생각이 들었어요. 아쉬운 것도 굉장히 많은 작품이에요. 초반에 재미있었던 에피소드는 친구네 집에서 잡지 〈보물섬〉을 읽는 거라든가, 새로운 문화가 막 형성되기 시작하던 시절, 그런 장면들이 어른들한테는 추억거리가 되는 것이죠. 그런데 뒤에서 초반에 등장하던 친구들은 없어져 버려요. 처음에 〈보물섬〉에 응모해서 당첨되고 롯데월드에 가는데 여기서부터 『찰리와 초콜릿 공장』이고 1등 되는 게 너무 뻔한 거죠. 끝에 가서는 『천국의 아이들』과 또 비슷해지지요. 엄마 아빠 캐릭터도 너무 아쉽고, 사실 청소년문학이라기보다는 고학년 동화 정도로 생각되는데요.

유영종 비슷한 사건들로 이야기가 전개되지만 끝에 가서도 문제가 그대로 남아 있는 점은 『찰리와 초콜릿 공장』과 다른 것 같아요. 또 『찰리와 초콜릿 공장』은 환상적인 이야기여서 사실적이지 않다는 것이 아무 문제가 안 되잖아요. 그런데 『원더랜드 대모험』은 우리 과거의 특정 시대, 지역, 장소 같은 사실적인 요소가 아주 강한 배경을 이루는데 거기에 개연성이 많이 떨어지는, 약간은 비현실적인 사건들이 큰 역할을 해서 서로 잘 맞물려 돌아가는 것 같지 않았어요. 롯데월드로 대변되는 자본주의나 전두환으로 대변되는 독재 시대에 대한 비판, 노동과 가난의 문제를 다룬다면 그 이야기를 좀 더 깊게 하든가, 아니면 약간 배경을 애매하게 해서 보편적인 이야기처럼 보였으면 좋겠는데 너무 한 시대나 장소를 머릿속에 떠오르게 하는 것이 좀 거슬렸어요.

오세란 독자에게 신나는 상상력을 주지는 못했다는 것이지요. 『우주 비행』은 어떻게 읽으셨어요? 탈북자 얘기가 이렇게 나온 건 없지 않나요?

박상률 탈북 학생들이 직접 쓴 건 있었지요. 그거 보면 정말 우리 사회가 몹쓸 사회더군요. 애들이 목숨 걸고 국경선을 넘어왔는데, 남한이 절대 그렇게 너그러운 사회가 아니에요. 남한 작가가 쓴 탈북 소년 얘기로 거의 첫 시도가 아닌가 합니다. 작가가 취재를 했다기보다는 관련 단체에서 활동했넌 것 같더라고요.

오세란 저는 읽으면서 취재를 잘했구나, 정말 가까이에서 봤나 보다 싶었어요. 아동문학 작가나 청소년문학 작가군 안에서 단체

활동을 하다가 그 얘기를 소재로 작품을 쓰는 파들이 있는데, 그런 분들 작품을 보면 서사가 좀 약하지 않나 싶더라고요. 청소년 소설 최근 작품 중에 밴드나 춤 동아리 얘기가 한때 너무 많았는데, 이번에도 그 소재가 섞이면서 조금 재미가 없어졌었어요. 『우주 비행』의 복지사도 어디서 많이 본 듯한 사람이고요. 그래도 좋은 소재로 청소년 소설을 만들었다 싶었어요.

박상률 요즘 문학상에 응모한 것들이 다 그런 것 같아서 심사자로서 참 뽑기가 힘들어요.

유영종 무난하다는 생각이 들었어요. 저는 이번에 판타지를 좀 많이 읽어 보고 싶어서 제목을 보고 골랐는데 막상 읽기 시작하니 탈북자 이야기더라고요. 열아홉 살이지만 열일곱 살로 살아간다든가, 우리 사회에 아직 완전히 정착하지 못한 상황이라든가 이런 것들이 어디에도 속하지 못하고 중간 지대에 있는 청소년들의 상황을 보여 주는 것 같았어요. 그런 점에선 탈북자 이야기이기도 하지만 우리 사회 청소년들의 일반적인 이야기이기도 한 것 같고요. 오 선생님 말씀과 마찬가지로, 사회복지사도 많이 본 인물 같고, 아이도 북에서 왔다고는 하지만 다른 소설에서도 보아 왔던, 춤추고 싶어 하고 평범하게 꿈을 추구하는 주인공인 것 같기도 해요. 그래서 특별히 좋았다기보다는 그냥 무난한 이야기로 읽혔어요.

박상률 작품이 상큼할 정도는 아니고 먹을 만하다는 데서 그친 것이 좀 아쉬웠던 점이고요. 제가 그나마 승규라는 소년의 내면 갈등 묘사에 점수를 줬지요.

가장 중요한 것은 보편성과 재미다

오세란 언급하지 않은 작품들 이야기도 해 볼까요?

박상률 『제2우주』는 우주가 여자애 이름이더라고요. 죽은 엄마가 살아 있는 세계와 지금 세계가 평행 이론으로 왔다 갔다 하지요. 보니까 엄마는 과학자이고 아빠는 SF 작가예요. 엄마의 유품을 통해 평행이론이 나오는데, 저는 이 작품에서 이런 건 처음 접했어요. 그런데 여주인공 이름이 우주고 내용 속에서 우주로 넘어가고 하는 게 작위적이지 않나 해서 맥이 좀 빠졌어요. 우리 세대로서는 공감이 좀 어려운 게 있어요. 뭐 나는 쓸 수 없는 얘기지만.(웃음) 그러나 일단 읽어 가는 동안에는 박진감이 느껴지더라고요.

오세란 젊은 친구들이 이런 이야기를 좋아하는 이유는 이게 정체성과 관련 있기 때문인 것 같아요. 자신의 선택에 따라서 다양한 세계가 가능하다는 것 자체가 청소년 소설에 아주 적합한 형식이고 좋은 상징 같거든요. 그런데 『제2우주』는 아이가 평행의 세계를 오가면서 서사적인 것과 별개로 과학적으로도 이 평행이론이 맞아떨어져야 하는 거예요. 그러다 보니까 작위적이게 된 것 같아요. 조금 무리하는 것처럼 보이던데요.

박상률 『그놈』(박선희, 자음과모음, 2012)에서는 어른들이 주인공 아이를 ADHD라고 하지만, 사실 학교가 오히려 병을 키워 주는 구조가 아닌가 하는 생각이 들고, 어떻게 보면 고발 소설 같은 느낌이 들었어요. 사실 자연 속에서 살면 괜찮을 텐데 학교를 다니다 보니 왕따도 폭행도 생기지 않나 싶어요. 어른 입장이 아니라 주인공 입장에서 왜 이렇게 되었는지 스스로 언급하는 게 좋았던 것 같습니다. 어른들은 이 아이를 몬스터라고 하지만 아이 눈에는 어른들이 몬스터인 것이죠.

오세란 요즘은 공모전이 대세잖아요. 신인 작가들의 등용문이기도 하고 출판사 입장으로는 작가를 발굴할 수 있기도 하고요. 오늘 작품 중에 공모전 심사하면서 본 작품도 있잖아요.

박상률 맞아요. 제가 심사해서 A 출판사에서 떨어진 책이 B 출판사에서 당선작으로 나와 잘 팔리면 내가 심사를 잘못했나 자괴감이 들기도 합니다.(웃음)

오세란 저도 그런 작품들은 이야기가 어떻게 바뀌었나 더 유심히 보게 되더라고요. 반갑기도 하고 그래요. 개별 작품 얘기는 거의 다 한 것 같은데요. 마지막으로 언급하시고 싶은 작품 없으신가요. 또 전반적인 경향이나 흐름에 대한 바람이라든가.

박상률 일단 감개무량하다고나 할까요. 전에는 청소년 작품을 추천한다고 해도 기껏 일반 소설에서 청소년이 읽을 만한 것을 꼽는 정도였는데, 이제 청소년 소설만으로도 이렇게 많아졌다는 것이. 어떤 시인이 '재물이 있는 곳에 마음이 간다'고 말했어요. 처음 '1318문고' 만들어 시작했을 때는 일반 소설가들이 쓰기로 계약해 놓고도 아무도 못 썼어요. 그래서 제가 쓰기 시작한 건데, 15년 지난 지금은 집에서 그냥 뽑아 봐도 작년에만 청소년 소설이 한 스무 권이 있더라고요. 이제는 너무 많아서 뭘 읽으라고 해야 할지 모르겠어요.

다만 요즘 아이들을 대상으로 쓰는데 이게 10년 뒤까지 견딜 수 있을까, 하는 의구심과 우리가 늘 이야기하는 보편성에 대한 성취가 좀 아쉽고요. 알레고리와 판타지의 틀에 맞추는 것도 그렇습니다. 작가들이 너무 똑똑한 것 같아요. 기법은 굉장히 잘 쓰는데, 자기만의 문장 같은 것이 부족한 것 같아요. '누구 판타지 소설이랑 비슷하네' 같은 소리를 들을 수밖에 없는 작가들이 많습니다. 하여간 소재가 굉장히 다양해졌고, 작가군도 굉장히 넓어졌다는 게 좋습니다. 일단 물꼬가 터졌고 이걸 잘 잡아 가는 후배 작가들이 많다는 점도 좋고요.

오세란 유영종 선생님은 아까 장르가 넓어진 것에 대해 좋게 말씀하셨는데요.

유영종 역사 소설이나 판타지 소설이 많이 나오는 것은 좋은 현상이라고 생각해요. 다양한 소재와 주제의 작품들이 나오고 있지만, 아직도 더 넓혀 가야 할 것들이 있는 것 같습니다. 요즘 영미 청소년들은 로봇, 뱀파이어, 좀비 이야기들을 참 좋아하는데요. 이런 것들이 청소년들이 느끼는 감정을 대변해 주거든요. 살아 있지만 죽은 좀비, 인간의 감정을 가졌지만 로봇 같이 살아가는 것 같고, 사랑하고 싶은데 금지되어 다가갈 수 없는 뱀파이어처럼 느껴지기도 하고…. 이처럼 요즘 학생들의 마음을 담아내는 새로운 소재들을 찾다 보면 청소년 소설의 외연이 더 넓어질 수 있지 않을까 싶습니다. 가장 중요한 건 보편성과 재미를 같이 가져가야 한다는 것이겠지요. 좋은 작품은 이 시대의 문제를 다루지만 10년, 20년 후의 독자들이 보아도 지금과 똑같이 느낄 수 있어야 하지 않을까 싶어요.

청소년 문제를 문학에서 어떻게 다룰 것인가

오세란 약간 다른 이야기인데요, 제가 작년에 공모전 작품들을 읽으면서 느낀 게 학교 폭력이 굉장히 많은 소재가 되었다는 거예요. 우리 사회에서 이슈화되기도 했고요. 그런데 이걸 잘 쓴 게 굉장히 드물어요. 이 소재에 대해선 일반적으로 어떤 생각을 하고 계신지요.

박상률 문제 상황을 형상화해 주는 정도가 작가의 역할 같아요. 요즘은 대학 입시랑 맞물려서 제도적인 것 때문에 폭력이 더 도드라지지 않나 싶은데, 1등이 아니면 살아남을 수 없는 상황에 이르렀잖아요. 주변에 친구 자식들 봐도 반에서 4, 5등 하면 벌써 절망감을 느낀단 말이지요. 이성적으로 어느 대학을 가느냐고 하고 있어요. 가긴 어딜 가요, 안 가도 되지. 그런데 어른들은 이 아이들을 또 원격 조정한단 말이에요. 한참 자라는 아이들은 속이 근질근질할 텐데 이게 어디로 가겠어요. 가장 가까운 학교 친구, 가족에게 가하는 폭력으로 나타나겠지요. 요즘 애들이 왜 죽겠다는 건지 이유를 따져 보는 게 필요한 것 같아요. 정말 애들이 재밌게 보고도 감동할 수 있을 정도로 그려 줬으면 좋겠어요.

오세란 제가 이런 질문을 여쭙는 이유 중 하나는, 청소년 소설을 통해서 이게 승화되어야 하는데 소설은 잠깐의 위안만 줄 뿐 현실이 너무 갑갑하다는 생각이 들어서인데요. 아이들이 스스로 해결할 수 없는 문제는 소설이 안고 가야 할 몫이 있지 않을까 싶어요.

유영종 학교, 학원에서 일어나는 일들을 다룬 소설이 참 많지요.

사실 학교 폭력이 쉽게 해결될 수 있는 문제는 아니고, 그렇다고 한다면 청소년 소설에서 이를 다룰 때의 목표라는 건 해결책을 제시하기보다 다른 사람의 관점을 이해할 수 있게 하는 것 정도가 아닐까 해요. 다른 사람들의 관점을 이해할 수 있도록 하는 것이 문학의 힘이잖아요. 감동을 통한 변화 그런 걸 기대하는 수밖에 없지 않나 싶은데…. 교육 현장 문제는 정말 해결책이 안 보이는 것 같아요. 그렇다고 그 문제를 그대로 놔둘 수도 없고, 고민이 드네요.

박상률 가해자도 피해자도 공감 가능하게 작가가 잘 써줘야 할 것 같아요. 공감이 시작점이니까. 독자가 거기서 스스로 알게 모르게 변화될 것인데 그렇게 쓰기가 쉽지 않지요. 작가는 틀림없이 누구의 편을 들게 됩니다. 가해자는 죽일 놈 되고 피해자만 불쌍하고. 하지만 다 같이 살아야 하는 세상에서 가해자도 껴안고 가야 하는 것이지요. 인생 자체가 사실 해답을 찾는 게 아니라 질문을 던지는 것이죠. 그러니까 소설도 질문을 던져 주어야 하지요.

유영종 잘못된 사회 구조 때문에 일어나는 문제이다 보니 소설에서 잘 다루기가 참 힘든 것 같아요. 눈에 확 띄는 현상이긴 하지만 쉽게 해결할 수 없는 문제여서 해결책을 제시한다는 것이 너무 안이하게 보이잖아요.

오세란 현실이 너무 암울하고 출구가 없다 보니까 소설도 이를 보여 줄 때 작가나 독자나 무거워지는데요. 전남대 철학과 김상봉 교수가 "자발적으로 아웃사이더가 되자"는 얘기를 했거든요. 자발적인 게토를 만들고 거기서 우리끼리 행복하게 살아 보자 하셨는데, 한두 명씩 그런 사람들이 그려졌으면 좋겠어요. 수능이나 기존 제도를 넘어선 대안들을 조명해 주고, 그로써 행복해지는 모습을 보여 주는 것도 하나의 모델을 제시하는 게 아닐까 싶어요.

박상률 학교를 끊어 버리면 간단한데 그러면 큰일 나는 줄 알아요. 우리 주변에 보면 대학에 안 보내는 사람들이 많아요. 꿈도 없고 뭘 해야 하는지도 모르는 애들은 죽자 살자 하고 학교에 다녀야겠지요. 하지만 이미 중고등학교 때 자신이 하고 싶은 게 뭔지 알게 된 아이들은 굳이 학교에 얽매일 필요가 없어요. 그걸 발견하게 해 주는 것이 바로 문학의 역할 같습니다.

오세란 그저 소재주의가 아니라 정말 학교를 떠난 아이들, 청소년들의 모습을 보여 주는 것도 하나의 샛길을 만드는 시도가 되지 않을까 싶습니다. 저는 개인적으로 작년 작품들을 쭉 보면서 『완득이』, 『위저드 베이커리』가 나오던 때에 비해 도리어 여러 면에서 걱정이 많이 들었어요. 작품의 완성도 등에서요.

박상률 동화도 한때 얼마나 많았어요? 이제 청소년 소설도 거품이 좀 빠지고, 정말 쓸 사람들만 남아야 하지 않나 하는 생각도 듭니다.

오세란 제 경험상, 비평은 소설에 비하면 짧은 글이지만, 아무튼 글을 묻어 놨다가 다시 봐야 빈 구성이 보이거든요. 그런데 요즘 소설은 그럴 여유가 없고, 출판사도 그럴 시간을 주지 못하지 않나 싶어요. 사실 여기저기 출판사에서 청소년문학 시리즈를 만들면서 생긴 현상인데, 이런 건 작가들도 되돌아봐야 하지 않을까요?

박상률 작가들은 기본적으로 생계라는 측면에서 허덕이지요. 그러다 보니 일단 찾을 때 생각 없이 막 써서 주는 경우가 있는 것 같아요. 그러다 보니 자기 살을 깎아 먹고.

오세란 그래서 저희가 평가한 여러 작품이 뭔가 한두 가지씩 아쉬움이 남는 이유가, 작가의 역량 문제도 있겠지만 현 시대 출판 흐름의 문제도 있는 것 같습니다. 이 부분에 대해서도 저희가 정리하고 넘어가야 하지 않을까요?

박상률 폭력이라는 주제에 너무 쏠려 있는 것 같습니다. 그러다 보니 장르화가 되는 것이지요. 청소년 소설도 나중에 장르화되지 않을까 싶은데, 뻔하지 않게 하는 것이 작가의 역할 같아요. 폭력 얘기를 하더라도 기존의 소설과는 다르게 해야 하지 않을까 싶고요. 그리고 청소년 소설이 학교라는 울타리 안에 갇혀 있는 것도 문제 같고요.

유영종 장르 소설은 예측 가능하다는 점이 맹점이지요. 비슷한 주제, 소재를 다루며 비슷한 구도로 진행되기 때문에 예측 가능해지기도 하고요. 다의적으로 해석될 수 있는 작품들이 나와서 문학성을 좀 더 담보했으면 좋겠다는 생각이 들었어요.

오세란 저는 두 가지인데, 한 가지는 소재가 다양화되고 장르가 다양화된 건 좋은데, 만족도가 높지는 않은 거예요. 동화에서도 추리물 처음 나왔을 때는 추리를 건드렸네, 정도였는데 이제는 『명탐견 오드리』(정은숙 글, 배현정 그림, 바람의아이들) 같은 작품 보면 재미있거든요. 청소년 소설도 그런 과정을 거치는 중인 것 같은데 그래도 읽는 사람 입장에서는 장르를 건드리고 말았다는 인상이 별로 달갑지는 않거든요. 직접 언급하진 않았지만 『명탐정의 아들』 같은 작품은 범인이 뻔해요. 범인이 뻔한 추리 소설은 추리 소설이 아니잖아요. 또 나는 지금 추리 소설을 쓰고 있다는 설명이 너무 많이 들어가고요. SF면 SF, 판타지면 판타지, 제대로 장르를 다뤘으면 좋겠어요.

또 하나는 작가들이 다른 히트 작품을 너무 보지 않았으면 좋겠어요. 독자들이나 심사위원들이나 비슷한 걸 선호하지는 않잖아요. 그러니까 자기만의 색깔을 가지려고 노력하는 게 필요할 것 같아요. 청소년 소설이 그렇게 되어야지만 작가들마다 색깔이 뚜렷해지고 차별화되지 않을까요.

박상률 아마 그렇게 되겠지요. 과도기에 있으면서, 혼란기에 있을 수도 있겠죠. 안 읽어도 되는 작품을 너무 읽고 있지 않나 하는 생각도 들었어요.

문학 본연의 역할을 잊지 말아야

오세란 한 가지 더, 영화 〈라이프 오브 파이〉를 봤는데 재미있더라고요. 그런데 책은 또 다른 느낌이었거든요. 요즘 아이들이 영화나 영상을 더 선호하지만 책을 읽으면서 느낄 수 있는 부분을 문학이 채워 줘야 하는데, 그런 게 아쉽다는 생각이 들었어요. 우리 애들이 〈학교 2013〉과 〈바람〉이라는 영화를 재밌게 봤어요. 〈학교 2013〉는 요즘 이야기지만 〈바람〉은 예전 이야기예요. 옛날 학생들 다룬 건데도 요즘 아이들이 아주 재미있게 봐요. 거기에서도 보편성을 얻은 거죠. 영상으로 그런 것을 열심히 보고 있다면 문학에서도 뭔가 다른 것을 얻을 게 있다는 생각이 들었지요.

박상률 문학이 영상과 경쟁할 필요는 없는 것 같아요. 문학의 질이 높아지면 되는 것이지요. 공부라는 것이 사실은 어려운 것을 자기 걸로 만드는 것이거든요. 소설의 묘미는 묘사인데, 그런 면에서 보면 느리게 읽히는 것이 좋은 문학이기도 하겠지요.

오세란 문학적으로 성찰 능력을 갖고 있는 아이들을 위한 작품도 있어야 하는데 지금 현재는 전문화되어 있지 않은 거죠. 그런 작품을 쓰는 작가도 있어야 한다고 생각해요. 좋은 문장은 줄을 그어 가면서 읽을 만한 청소년 소설이 나오면 그 나름의 가치를 갖고 있는 것이고요. 다 같아지려고 하지 않고 각자의 영역에서 할 수 있는 걸 흩어져서 했으면 좋겠어요.

유영종 제 주위 사람들은 책과 영화가 있으면 대체로 책을 좋아해요. 『허클베리 핀의 모험』도 영화화가 열 몇 번 되었는데 잘 되었다는 게 없어요. 영화보다 문학이 보여 줄 수 있는 감동이나 영역이 더 큰 것 같고 그런 부분을 찾아야겠지요. 아까 오 선생님이 말씀하셨던 로이스 로리 같은 작가는 자기 색깔이 뚜렷한 작품을 쓰기 때문에 우리나라 독자들에게도 인기가 있다고 생각해요. 그러니 시류에 흔들리지 않고 자기 색깔을 찾아 나가는 것이 작가들에게 정말 중요한 작업이겠지요.

오세란 요즘 흥미 있는 소재나, 동아리, 폭력 얘기 등 외부의 물결과 상관없이 자기 걸로 쓰면 지금 현재는 주목을 덜 받을지 모르지만 나중에는 더 자기 스타일을 찾을 수 있지 않을까 합니다.

긴 시간 고생하셨습니다. 그럼 여기서 마치겠습니다.

찾아보기

서명

숫자, ㄱ

ㄴ

ㄷ

ㄹ

인명

나와 청소년문학 20년

– 청소년문학의 개척자 박상률의 문학과 인생 이야기

1판 1쇄 인쇄 2016년 7월 25일
1판 1쇄 발행 2016년 8월 3일

지은이 박상률
펴낸이 한기호
책임편집 이은진
편집 서정원, 최문희
교정 양자경
마케팅 연용호
경영지원 김주희
디자인 김경년
인쇄 예림인쇄
펴낸곳 (주)학교도서관저널
출판등록 제2009-000231호(2009년 10월 15일)
주소 121-839 서울시 마포구 동교로 12안길 14(서교동) 삼성빌딩 A동 3층
전화 02-322-9677 팩스 02-322-9678
전자우편 slj9677@gmail.com
홈페이지 www.slj.co.kr

ISBN 978-89-6915-023-3 (03800)

· 이 도서의 국립중앙도서관 출판예정도서목록(CIP)은 서지정보유통지원시스템 홈페이지(http://seoji.nl.go.kr)와 국가자료공동목록시스템(http://www.nl.go.kr/kolisnet)에서 이용하실 수 있습니다. (CIP제어번호 : CIP2016017784)

· 책값은 뒤표지에 있습니다.